私はもう祈らない（改装版）

「聖書はもういらない」続編

野原 花子

目次

第3章

まえがき

この本は拙著『聖書はもういらない』の続編です。前著を読んでいただいた上で読んでいただかないと、理解しづらい部分も多いかと思いますのでご了承ください。

前著を書き始めた時には、まったく予想もつかない展開になりました。インターネットで、聖書というキーワードで調べていくと、次から次へつながっていきました。キリスト教が生まれてから今日までの歴史を見ていくうちに、あのような本が生まれたのです。インターネットがあったからこそ書けたと言えます。前回は、眠ることもない意識下で、インターネットを利用して書き進めました。しかしこの続編は、ぐっすりと眠りながら書いているのが前回との大きな違いです。

今回は、無意識の力を借りて意識の力でまとめていこうと考えています。無意識というのは、長い人生の経験や学んだり感じたりしたことなどのすべてを記憶している脳の働きです。普段は意識していませんが、何かを始めようと集中していると、眠っているときも覚めているときも、脳はそのために必要かもしれない記憶を呼び覚ましてくれています。よく眠って疲労のない脳が、思いもよらないアイディアや力を与えてくれる経験は、誰でもしていると思います。私はそれらの記憶の引き出しから出てくる無意識という縦糸を、意識という横糸で織り続けるという作業によって、この本を書いています。

前著を書きながらもどかしかったのは、すべてをさらけ出すことによって迷惑を被る人々がいるので、そうならないように配慮しなければならなかったことです。できるだけ簡略に、大略だけを書いて、60年近く築いてきた人生を喪失したという事実だけを伝えました。その背景や詳細については多くを書かなかったので、なぜ突然あのような悲劇が起きたのか、疑問が残ったのではないかと思います。この続編では、そのような部分も可能な範囲で補いたいと思いますが、やはりまだ書けないことの方がはるかに多いことはご理解ください。

この本を書き始めたのは今年（２０２２年）の1月でした。そして推敲を終えた8月までの間に、ウクライナへのロシア軍の侵攻、台湾と中国の緊張関係の増大、国内では安倍元首相銃撃事件により統一教会の問題が取り沙汰されています。科学技術が目ざましく発展し、21世紀になり、ＩＴ技術の進歩により情報化時代を迎えたにもかかわらず、世界はますます混迷を深めるばかりです。

人類はなぜ壁を築き続けるのでしょう。私に起きた人生破綻という出来事は、単に宗教の問題にとどまらず、普遍的な問題だと前著でも述べました。それをこの本ではさらに解明していきます。

また、続編を書くことになったのは、これまで出会ったクリスチャンの若者たちの出口の見えない葛藤を見てきた私としては、棄教したのちに見えてきた世界を伝えることが、彼らの出口の光になればという思いもあります。私の人生を振り返って、聖書を神の言葉として信じて生きた60年と、それを捨てた人生のビフォーアフターを比較して、読者の皆さんに何か気づいていただけたら幸いです。

第1章　強固な壁

第1章で紹介する4つの曲や本は本質的な共通点を持っています。それは、人間の自由な思考や行動を阻《はば》む「壁」の存在です。そしてその「壁」を取り除き心を解放することが、アイデンティティを健全にし、人間の潜在的な力を最大限に発揮させ、平和や幸福につながるということを語っています。

「Imagine」

前著を書いたのち、ある日、「Imagine」の曲をふと耳にしました。その歌詞を聴いた時、ジョン・レノンとオノ・ヨーコの歌詞のメッセージが私の心に突き刺さりました。この曲が発表された１９７１年当時の欧米世界では衝撃的で、さまざまな波紋を呼び、その意味を深く理解できる人は少なかったかもしれません。また、キリスト教会では悪魔的と考えられたに違いないことは、容易に想像できます。

歌詞にもあるような天国と地獄という概念は、人類史上、普遍的に使われてきました。しかし場合によっては、人間というものを一方的に選別したり、差別したりするのに都合のよいものです。

考えてみると、紙一重の差で天国に入れず地獄に落ちる人には理不尽すぎます。あるいは犯罪者だったとしても、たまたま生まれた環境が苛酷であったりまともでなければ、その犯罪者を作ったのは社会の仕組みかもしれません。個人だけのせいにするのではなく、その理不尽な環境を改善しなければ、犯罪者が増え続けることになります。天国と地獄の概念は、人間を○と×で選別しようとするようなものです。

キリスト教だけに限らず、幼い頃から罪概念を植えつけられ、罪人は地獄に落ちるぞと脅されて育った者は、生涯、その呪縛から抜けられないでしょう。そして死後の裁きを恐れるゆえに、自分らしい生を生きる幸せを知ることはできないのです。

人間は生まれてきた時は白紙で、皆兄弟のようなものなのだけれども、成長するにつれさまざまな壁が築かれ、断絶し、争うようになっていきます。実際、世界は、二人の願いとはまったく逆の方向に進んでいくのですが、少なくとも彼らの心の中では、この歌詞のような自由で平和な世界が見えていたはずです。世界はすぐには変えられないけれども、このような世界をまず自分の中に作るチャンスは、私たちに与えられているのではないでしょうか。

『バカの壁』

さて、最近読んだ3冊の本は、私の感じているようなことを各分野の専門家の視点からくわしく述べてくれています。

まず、養老孟司著の『バカの壁』というタイトルを聞いたとき、何かピンとくるものがありました。解剖学者であり、科学哲学から昆虫研究、社会時評まで多数の著書を持つ養老氏は独特の思考やウイットに富んだ表現でも知られる方ですから、こういうユニークなタイトルがつけられたのだと考えました。そしてじっくりと読んでみると、おこがましいことですが、私の体験したようなことについて理論的に見事に説明してくれているのです。

第二章「脳の中の係数」では、脳内の情報の入出力について、一次方程式でわかりやすく説明しています。

この入力をｘ出力をｙとします。すると、y=axという一次方程式のモデルが考えられます。何らかの入力情報ｘに、脳の中でａという係数をかけて出てきた結果、反応がｙというモデルです。

このａという係数は何かというと、これはいわば「現実の重み」とでも呼べばよいのでしょうか。人によって、またその入力によって非常に違っている。通常は、何か入力ｘがあれば、当然、人間は何らかの反応をする。つまりｙが存在するのだから、ａもゼロではない、ということになります。ところが、非常に特殊なケースとしてａ＝ゼロということがあります。

この場合は、入力は何を入れても出力はない。出力がないということは、行動に影響しないということです。

（中略）

では、ａ＝ゼロの逆はというと、ａ＝無限大になります。このケースの代表例が原理主義というやつです。

この場合は、ある情報、信条がその人にとって絶対のものになる。絶対的な現実となる。つまり、それに関することはその人の行動を絶対的に支配することになります。

尊師が言ったこと、アラーの神の言葉、聖書に書いてあることが全てを支配する、というのは、その人にとってａが限りなく大きい、ということになります。

（中略）

このａ＝ゼロとａ＝無限大というのは現実問題として、始末が悪い。テロは無限大の悪い形の表れです。

養老孟司『バカの壁』（新潮社、２００３年）

係数ａについて、養老氏は「現実の重み」と説明していますが、入力された情報に対する「反応度合い」あるいは「関心度」とも言えると思います。その要因としては、イデオロギーや主義・思想、信仰、固定観念、既成概念、価値観、経験、習慣、先入観、偏見、無知、無関心などいろいろ考えられます。

この係数ａが無限大に近づき、絶対的なものとなるとき、原理主義やカルト宗教、民族対立や内戦やテロ、イデオロギー対立や戦争、人種差別やヘイトクライムなどへ発展していきます。ａ＝ゼロの場合は、興味や関心や現実感がまったくないため、何の反応や影響も起きない状態です。ａ＝無限大もａ＝ゼロの場合も、社会との円滑なコミュニケーションを著しく阻害すると言えます。

最終章の「一元論を超えて」では、著者の主張が語られています。養老氏がこのような本を作るに至ったきっかけは、東大で教鞭をとっていた頃起きた、オウム真理教のテロ事件や、９・11米国同時多発テロでした。オウム真理教の事件は、東大や高学歴の若者たちが多く関わっており、社会を震撼《しんかん》させました。

養老氏が導き出した結論部分は、次のような内容です。


現代世界の三分の二が一元論者だということは、絶対に注意しなくてはいけない点です。イスラム教、ユダヤ教、キリスト教は、結局、一元論の宗教です。一元論の欠点というものを、世界は、この百五十年で、嫌というほどたたき込まれてきたはずです。だから、二十一世紀こそは、一元論の世界にならないでほしいのです。男がいれば女もいる、でいいわけです。

原理主義というのは典型的な一元論です。一元論的な世界というのは、経験的に、必ず破綻すると思います。原理主義が破綻するのと同じことです。

（中略）

バカの壁というのは、ある種、一元論に起因するという面があるわけです。バカにとっては、壁の内側だけが世界で、向こう側が見えない。向こう側が存在しているということすらわかっていなかったりする。

（中略）

非常に一神教の色合いが強いのが、イスラム教であり、プロテスタントです。

（中略）

安易に「わかる」、「話せばわかる」、「絶対の真実がある」などと思ってしまう姿勢、そこから一元論に落ちていくのは、すぐです。一元論にはまれば、強固な壁の中に住むことになります。それは一見、楽なことです。しかし向こう側のこと、自分と違う立場のことは見えなくなる。当然、話は通じなくなるのです。

養老孟司『バカの壁』（新潮社、２００３年）

人は誰でも安易に、わかっているつもりでいたり、絶対の真実があると思ってしまいがちです。それがいつのまにか、思い込みという壁を築いていきます。また、情報があふれ、流されて生きる傾向の強い現代社会では、考えるということが非常に困難になってきています。考えない、無関心というのも、壁の中にいるようなものです。そして強固な壁の中に住むようになると一見楽だ、というのは、自分で考えたり決断したりせず、思考停止状態であるということです。

クリスチャンであった頃の私は、まさしくこの「バカの壁」という「強固な壁」の中に住んでいたわけです。特に、「壁の内側だけが世界で、向こう側が見えない。向こう側が存在しているということすらわかっていなかったりする」という部分は、その壁の崩壊を実際に体験した私だからこそ、身にしみるほどよく理解できます。そして今は、反対側の世界もどちらもよく見えます。

一般にクリスチャンたちは、統一教会とか、エホバの証人とか、ものみの塔などを異端とかカルト宗教と考え、自分たちは正統なキリスト教だと信じています。しかし、その正統なキリスト教の中でさえ、あの教団は危ないとか、カルト的だとか、自分の教会は安全だとか、まともだとか、言い合っています。しかし、すべての教会は自分が正しいと思ってやっているわけですから、自分のところだけが正しいと主張することは矛盾です。

養老孟司氏は第二章「脳の中の係数」の最後で、次のように述べています。

人間はどうしても、自分の脳をもっと高級なものだと思っている。実際には別に高級じゃない、要するに計算機なのです。

養老孟司『バカの壁』（新潮社、２００３年）

このように、私たちは日頃、与えられた情報の範囲で思考しています。だから時には、自分の都合のよいようにしか、ものごとを見ていない可能性が十分にある、ということを認識しておくことは極めて重要です。そうしないと、気づかないうちに、さらに自分にとって都合のよい情報ばかり集め、壁を築いていくことになってしまいます。

「バカの壁」というのは、人間なら誰しもが陥りやすい認識の壁です。無関心とか無知とか、固定観念とか、あるいは逆に絶対的な真理に支配されることによって壁が築かれ、それに気づくことさえできないのです。そのことに早く気づいて常に自覚していなければなりません。自分には関係のない話だ、自分には問題などない、自分の考えが絶対正しい、あるいは何かを信じ過ぎているときには、気をつけなければならないでしょう。

『心の対話者』

この本は、実は、ＡＩが紹介してくれた本です。鈴木秀子氏は『心の対話者』で、アクティブ・リスニングの技法について解説しています。「受容」「フィードバック」

「共感」など、コミュニケーションで重要な技術や姿勢を示すとともに、「心の沈黙」という態度を身につけることが、話し手の「潜在能力」を引き出す鍵となると述べています。

まず、『心の対話者』で鈴木氏は、聞き手の「受容」の姿勢について次のように述べています。

　賛成も反対もせず、何らかの先入観や固定観念、既成概念をひとまず脇に置いて、相手の話を聞くことに集中する――これが真の受容である。先入観や固定観念、既成概念を前提として話を聞いていると、聞き手独自の枠組みをつくり上げ、その枠組みに入るものを歓迎し、その枠組みからはみ出すものを否定する結果になり、相手は「受け入れられていない」という思いを抱くことになる。

鈴木秀子『心の対話者』（文藝春秋、２００５年）

「真の受容」のために、聞き手は先入観や固定観念、既成概念にとらわれずに聞くことが何よりも求められるのです。

このような聞き手の受容の態度を具体的に実践していくのがフィードバックであり、聞き手の最も重要な役割です。人は誰でも自分自身を主観的に見る傾向があり、客観視するのは非常に難しいものです。しかし、聞き手が適切なフィードバックを行っていくとき、話し手は自分自身や自分の課題を客観視できるようになります。

聞き手が集中力をもって話し手の言葉を聴き、適切な場で、適切な応答、つまり話し手の言葉を自分なりに整理して返すという作業を行っていると、話し手は聞き手の誤解に気づくとともに、自分の勘違いや思い過ごし、認識の偏りなどにも気づくことができるのだ。

鈴木秀子『心の対話者』（文藝春秋、２００５年）

このようなフィードバックによって、話し手は、あたかも周囲に立ちこめていた霧が消えていくかのように、自分自身の問題が見えてくるようになります。そしてその問題が明確になると、自ら問題解決への道筋を見出すことになるのです。このような潜在能力は、通常は潜在意識の奥に潜んでいますが、誰でもそのような問題解決能力を秘めていると言えます。

さらに、鈴木氏は、アクティブ・リスニングで最も核心的なテーマと考えられる「心の沈黙」について述べています。

ルドルフ・シュタイナーは、真の受容を実現するためのテーマとして、「心の沈黙」について語っている。

口だけ黙るのはやさしいが、頭の中まで沈黙させることはできない。頭にはさまざまなことが浮かんでくるが、それにとらわれないこと、それが沈黙だというのである。

（中略）

たとえば、その人が自分を批判する言葉を吐いているあいだも、心をざわつかせないこと、心の中に言い訳や反論、拒否、非難などの感情が生じても、それにとらわれず、引っかからないことだという。

これは実際にやってみるとなかなかむずかしいが、この聞き方が身についてくると、どのような場面であっても、相手との関係が決裂するようなことはなくなり、問題解決に向けて進んでいくことができるようになる。

鈴木秀子『心の対話者』（文藝春秋、２００５年）

鈴木氏は、ルドルフ・シュタイナーが語る「心の沈黙」の重要性について紹介しています。心をざわつかせず、感情にとらわれずに聴き続けることが、真の受容を実現させ、問題解決への道を切り開いていけるのです。

相手の話を聴くためには、ただ黙っていればよいのではなく、頭の中まで沈黙させなければなりません。それは、自分自身の先入観や固定観念や既成概念などの見えない壁を除去する作業とも考えられるでしょう。自分自身の中にあるさまざまな壁に気づき、それを排除することは、容易ではないでしょう。しかし、相手を理解し相手の心に触れるためには、それが最も重要なことなのだと気づかせてくれました。

また、鈴木氏は、「共感する」とは相手に賛同することではなく、相手が感じるように感じることである、と次のように説明しています。

アクティブ・リスニングによって相手の話を聞くということは、結局は、相手の立場になってみることを意味する。これは別な言葉でいえば、相手に共感しながら聞くということだ。私たちが通常、「共感する」という場合には、「あなたの言うことはよく分かるわ」とか「君の言うとおりだよ」と賛同することと考えがちだが、共感とは、相手が感じるように感じることを意味する。

話し手の立場に立って聞くと、話し手のメッセージは、まったく質の違うものに聞こえてくる。受容によって相手の思いを理解すれば、自分の当初の思いとはまったく異なる意見をもつようになることさえある。（中略）これは、アクティブ・リスニングが、話し手を支え、癒しや成長を与えるだけでなく、聞き手の姿勢にも変革をもたらすものであることを示している。

そして、もう一度、聞き手が陥りやすい態度について注意を促しています。

共感のないコミュニケーションでは、私たちは相手の話を聞いていても、耳を傾けておらず、自分の思考の中に湧き起こってくる考えによって、入ってくる情報を選択し、振るい落とそうとする。特に知的といわれる人にとって、自分の思考に固執せずに柔軟に対応することは、もっともむずかしいことである。

鈴木秀子『心の対話者』（文藝春秋、２００５年）

このようにして、聞き手がアクティブ・リスニングによって相手を受容し聴くときに、話し手は自らの問題を克服する力を見出していくことができるのです。このような聴く姿勢や適切なコミュニケーションは、私たちの日常生活や社会生活の中での複雑な人間関係などにおいても、対立をなくし、友好関係を築くことをも可能にするのです。

最近は、ＳＮＳなどで安易に他者を批判したり、攻撃したり、あるいは同調したりできる時代です。情報や感情に流されずに、周囲の人々と心のつながりを築いていくためにも、一人一人が「心の対話者」となるべきなのでしょう。

さて、この本に出会った時、私が壮絶な苦しみの中で、さまざまな人々と対話をした経験が思い出されました。牧師やクリスチャンたちとの対話の中では、聖書的な答えしか得られず、それらの言葉は私自身がすでに知っている言葉であって、虚しく響くだけでした。

先輩の牧師は、ふだんから取り組んでいるさまざまな心理学やキリスト教的なカウンセリングや聖書の知識を総動員して、３日間にわたって、私の話に耳を傾け続けてくれました。牧師はほとんど質問も反応もせず、私が話すのをただ聞き続けるだけでした。そして別れの時間が来た時、「神様しかあなたを救うことができません。お願いだから神様を信じて」と叫ぶように言い続けました。

その後、メールのやり取りで、「すべての禍《わざわい》はあなたが自分で引き寄せたのです」とありました。それは私にとってあまりにも残酷な言葉で受け入れられず、非常に強い憤りを感じました。なぜなら、クリスチャンにとって神は完璧な存在であって過《あやま》ちなどなく、人間側に罪や弱さがあるからさまざまな問題が起きるのだという発想である、と気づかされたのです。だからこそ、私に起きたこととのつじつまを理論的に合わせようとひたすら黙って聞き続けていたわけです。牧師の情熱と人間性にはただ頭が下がりますが、心理学やカウンセリングの矛盾と限界を見せつけられたような思いがしました。人間は自分の知識や考えなどに基づいて聞きたいように聞くし、都合のよいようにしか聞けないということなのです。

公的機関のカウンセラーや精神科の医師も客観的に聞いてくれましたが、マニュアル的な対応で終始しました。

２００人近くのいのちの電話の相談員と平均1時間ほどの対話をしましたが、多くは同じ内容の繰り返しになり、反応もさまざまでした。日本ではキリスト教については外国の宗教というイメージで受けとめられていて、一般的には馴染みがないようでした。

私は生きる希望を求めて電話をかけ続けていたのではありませんでした。その頃は、食べることも意味がなくなり放棄し、生き地獄のような苦しみからもう解放されたいと、死を意識し始めていました。「このような人生を生きるために私は生まれてきたのか」と、魂の嗚咽《おえつ》をもらした夜を、忘れることはできません。私はあの日に死んだようなものだと考えています。奈落の底に今にも落ちそうで、崖っぷちの岩にかろうじてすがりつくように、いのちの電話をかけ続けました。ただ、人の声を聞くことだけで、この世界とつながっていたのでした。

いのちの電話は非常につながりにくく、また、同じ相談員にかかるようなことはほとんどないのですが、不思議にある相談員の方とは、決まって真夜中に、３度もつながりました。１度めは、私の状況を丁寧に聞いてくれました。数日経って２度めは、さらに私の気持ちなどを聞いてくれました。そして3度めは、まさしく崖っぷちの極限状況からかけましたが、彼女は私の状況をすでに把握していましたから、何も言わずに、ただ私の嗚咽だけを聞いていてくれました。彼女にしても、かける言葉さえなかったとは思いますが、私にとってはありがたい存在でした。

特に深く印象に残っている相談員の方々がいます。彼らは私の問題の深刻さを受け止め、その日の持ち時間のすべてを使って、驚くほどの集中力で聞き続けてくれました。宗教や哲学にも造詣があり、自由自在にぶれずに話すことができ、地獄の中で光を見たような出会いでした。今でもその方たちと共有できた時間を忘れることはありません。

これらのいのちの電話で出会った相談員たちによって、共感し、気づかされ、勇気づけられたことは確かにありました。しかし、そこでは生きる希望を得ることは不可能でした。多くの相談員との対話で客観的に自分を振り返ることができたことで、それを書いてみようという次の段階に進むことができました。書くことによって、まったく予想もしなかった世界が見えてきました。そして自分に起きた出来事の原因を理解するに至り、2年間にわたる生き地獄から抜け出し始めることができたのです。

『小さな木　あるがままに子育て』

この本の著者の野村直子氏は、国内外で保育者として勤めたのち、保育内容のコンサルティングや研修講師、自然保育アドバイザーなど、保育現場で活躍しておられます。

『小さな木　あるがままに子育て』からの一部抜粋です。

空のように広い心で

こどもの心が自由である時、
「これをやってみよう」、「あれはなんだろう」
と、新しいことに興味がわいたり
アイディアが生まれたりします。

こどもの心が自由でない時、

「これやっても大丈夫かな？」

「これでいいのかな？」

と、大人の顔色を見ながら過ごしています。

不安で自信を持って前へ進めないような、
心がキュッと小さくなっている状態です。

自由な心をつくりだすのは、
周りの大人たちです。

こどもの発想を面白がってみる。

その感性を知ろうとしてみる。

こどもを鳥かごに入れようとせず、

「面白そうだね、やってみてごらん」

と、力づけ、見守ってみる。

こどもは、見守られているという安心感から、
持っている以上の力を発揮します。

大空を自由に飛び回る鳥のように、
こどもの心が自由に羽ばたくことができる、
そんな広い空のような、大人の存在が大切なのです。

小さな葉のカタチ

こどもも生まれた時から、一人ひとり特有の個性を持っています。
イチョウの葉をもみじの葉のカタチにしようとしても

できないのと同じ。
こどもの個性を変えようとしたり、
否定したりしても苦しみを生むだけ。
今ある小さな形を見つけて、大切に育む。
そんな風に関わることで、
こども一人ひとりが光り輝き始めることでしょう。
野村直子『小さな木　あるがままに子育て』（雷鳥社、２０２１年）

野村氏は、子どもの成長を小さな木にたとえています。子どもの自由な感性に寄り添って育む大人の存在が必要だと言います。このように大人の役割というのは、子どもが本来持っている無限の成長する力を見守り育むことだと言えます。決して大人たちの常識や価値観を与えることではなく、むしろ大人たち自身がそのような固定観念から自由であるべきでしょう。

子どもたちにはとらわれがなく、彼らは自由に考えます。世界に何の矛盾も感じていない彼らから見て、大人たちの姿はどう映っているでしょうか。大人たちこそ、彼らから学ぶ必要があるでしょう。

この本を読んで、子どもの頃を振り返りました。

まだ世界がどのようなものかも知らない頃から、私は母に連れられ教会に行きました。幼い頃から、牧師や教会学校の教師たちから聖書の話を聞き、罪や十字架や永遠の命、献金や礼拝やお祈りの仕方などを教えられ、毎週、聖書の言葉が書かれた美しいカードをもらい、次の週までに覚えてくるように言われました。クリスマス以外は、教会に来る子はほとんどいませんでした。教会学校の生徒は私一人か、弟が一緒に来るぐらいでした。

小学校６年生の時、修学旅行で大阪万博と京都、奈良方面へ行きました。あるお寺へ行った時、全員が仏像の前で正座させられて、お坊さんが祈祷してくれました。

私はその時、恐怖を感じました。教会学校で、偶像を拝んではならないと教えられていたからです。他の子たちはみんな頭を下げていましたが、私は頭を下げることはできず、仏像を拝みませんでした。子どもながら、私の心の中では聖書の教えに背《そむ》くことはできませんでした。

学校生活にも漠然と、違和感を感じていました。当時は不登校とか、引きこもりとかという言葉はなく、陰湿ないじめ問題とかも私の周辺では聞いたことはありませんでした。もともと好奇心旺盛で、野山を駆け巡ったり、運動したり、本や漫画を読むと夢中になり、詩を書くのも得意なほうでした。勉強もまあまあで学級委員によく選ばれましたが、友達の前で自分をうまく表現できませんでした。表現したくても、自分というものが何者なのか混乱していたのだと思います。子どもながら、聖書通りにも生きられず戸惑っていました。教会にいる自分と学校にいる自分は別人格、どちらが本当の自分なのか、どちらも自分らしくはありません。しかし、その葛藤に気づいてくれる人はいませんでした。

今、あの頃の自分を思うと、不憫《ふびん》です。聖書的な価値観に縛られていた私は、成長するにつれ社会の中でも違和感を感じ、息苦しさを感じるようになりました。それで高校３年生のクリスマスに、生涯、聖書的な価値観から離れて生きることはないだろうと確信して、洗礼を受けました。私は何の木にも成長できないまま、洗礼を受けてからはより一層、自分が何者なのかもわからず迷い続けるのです。

ここで紹介した３冊の本や歌などから共通して読み取れるのは、人間が幼少時に本来持っているような、何ものにもとらわれない自由な感性を育み育てることが、幸福や平和につながっていくのだということです。逆に、大人の考える型や枠に入れようと支配したり、経験や習慣、さまざまな既成概念や固定観念、〜主義やイデオロギーや宗教的世界観などが、心に壁を築いていくのですが、一度築かれてしまった壁や世界観を崩すことは容易ではありません。なぜなら、それは自分自身の一部のようなもので、気づくことが困難だからです。

これらの本の他にも、国内外の哲学書を始め古典などいろんな本に出会いました。すでに紀元前の時代から、思想家たちは人間らしく生きる道を求め、そこにはあらゆる固定観念から解放された人間の姿が見られます。

高校生の頃、礼拝で牧師が「哲学は悪魔の学問だ」と話したことがありました。哲学がどのようなものなのかもまだ知りませんでしたが、神を否定する学問であると理解しました。神や聖書さえまったく理解できていないのに、さらに神を否定するような書物まで読んでも理解できるとは思わず、長い間、哲学書とは距離を置いてきました。

今、いろんな哲学書を読みながら、よく理解でき共感できます。しかし、クリスチャンだった頃の私が、これらの本を読んでいたら、おそらく大半は理解できなかったであろうし、最後まで読む気にもなれなかっただろうと思います。なぜなら、聖書は神中心の世界観であり、人間中心の世界観である哲学的思考とは相容れないものだからです。

第2章　『聖書はもういらない』のご感想をいただいて

『聖書はもういらない』を出版して、いろいろなご感想をいただきました。本の内容が内容だけに反応もさまざまで、それぞれの視点でこの本が読まれていることがよくわかり、大変参考になりました。また、私の表現の足りなかった部分などにも気づかされましたので、第2章ではそれらについてさらに補足させていただきます。

『聖書はもういらない』は聖書を糾弾するために書いた本

『聖書はもういらない』は、前書きでも述べてあるように、決して教会やクリスチャンたちの批判が目的ではなく、あくまでもマニュアルである聖書こそが、教会や信仰生活で生じる矛盾や葛藤の原因であることを糾弾するために書きました。

60年近い信仰生活の中で、国境を越えて多くのクリスチャンたちに出会い、苦労や喜びを共にし、家族のように過ごしてきました。人間的にも心から尊敬できる人々や個性豊かな人々にも数え切れないほど出会ってきました。そのような人々との温かい交流があったからこそ、信仰生活を継続してくることができたのです。彼らに感謝こそすれ、非難など考えられません。

聖書に書かれていることの矛盾を示すために、私自身が体験した例をいくつか紹介はしましたが、もし教会やクリスチャンたちへの批判が目的ならば、もっと過酷な例は残念ながらいくらでもあります。しかし、批判や愚痴だらけの本に何の意味があるでしょうか。そのような本など誰も読みたくないはずです。

そんな矛盾だらけの世界ならば、さっさと縁を切ればすむことです。しかしそうできなかったのは、60年間信じてきたキリスト教の矛盾を解明することは、私が信仰を導いてきた家族のためであり、矛盾の中に生きているクリスチャンたちのため、あるいはこれから生きるために、まず越えなければならないハードルであり、世界的かつ歴史的な宗教であるゆえに、普遍的な問題であるととらえ始めたからです。

私の人生は不毛の人生であったと繰り返し書きました。60年近く、聖書的世界観によって生きてきましたが、それによって、社会においても教会の中でさえ矛盾や葛藤が尽きませんでした。それでもクリスチャンは励まし合い、支え合い、祈り合い、ただ神を信じ続けます。「あなたのパンを水の上に投げよ」（聖書）という勧めに従って、神の国の到来を待ち望み心砕きました。そのようなことに時間やお金やエネルギーを費やしてきた生き方こそが、不毛の人生であり、創造的な、あるいは自分らしい人生とはかけ離れていました。

聖書の教えそのものが、神の支配という一元論的世界観であり、その支配的、排他的、閉鎖的、独善的な価値観が、長い間、教会やクリスチャンたちを支配してきたと言えます。

例えば、聖書では、ＬＧＢＴ（セクシャルマイノリティ）のような方たちの存在は、神の創造を歪《ゆが》める罪人として定められてきました。彼らの存在は、長い歴史の中で抹殺され続けてきたわけです。子どもの頃見た、『十戒』や『天地創造』などの映画でもそのような表現が見られ、強く印象に残っています。人間の多様性を、聖書の許す範囲でしか認めていませんでした。彼らに光が射し始めたのは、本当につい最近のことです。

人間は皆罪人であるから神の裁きを受けなければならない。このような絶対者の存在を主張する聖書の教えは、すべての人間は神の前に平等であるという建前がありながらも、それは罪人であるという点で平等であるわけで、キリストを信じない者は裁かれます。

人間には罪があると認識した時点で、キリスト教は成立します。世の中で起きている戦争や殺人や犯罪などの悲惨な現実も、人間の罪の所以《ゆえん》であると説明されればわかりやすいし、説得力もあります。このような世界観を持つと、世界は矛盾だらけです。人間は罪人であるがゆえに、この世界では問題があり続けるしかありません。神の支配が完成しない限り、世界は悲惨です。それゆえに、クリスチャンはキリストの再臨を待望します。神の国が訪れるからです。

罪とは何なのでしょう。キリスト教の罪とは、神に従わない「自我」です。この罪概念こそが、私を苦しめてきた矛盾そのものでした。学生時代に、聖書の教えに従えない自我に対する絶望を感じながら、キルケゴールの『死に至る病』を読んだ記憶があります。

そのような絶望的な人間のために、キリストは十字架にかかり復活されたのだと信じ、キリストを救い主として受け入れたのは、若さのゆえに迷い多き人生経験を経てからでした。キリストに従えない自我を否定し、キリストを主として生き始めました。このようなクリスチャンの体験をborn again（新生する）と言います。自分と神が対立していては信仰は揺れ動きますが、神に従うことで葛藤は軽減され、信仰は不動のものとなっていきます。

クリスチャンにとっての神のイメージは、罪の審判者であると同時に、「主は私の羊飼い。私は乏しいことがありません。主は私を緑の牧場に伏させ、いこいの水のほとりに伴われます」（聖書）のように、祝福者でもあるのです。

人生の優先順位は、神が常に一番なのですから、そのために犠牲にしてきたものは計り知れません。神優先、教会優先、信仰中心の生活に多くのエネルギーを費やすことで、現実世界との乖離《かいり》は否めません。けれども現実世界と永遠の世界とを両立させて生き続けなければならないのですから、矛盾や葛藤はあり続けます。神が存在したのならそれも意味があったのでしょうが、私の人生は破綻しました。

自我を否定する罪概念は、当然アイデンティティの否定につながります。自分のありのままの姿をそのまま受け入れることができなくなります。私はその苦しみを、罪を自覚し始めた子どもの頃から感じ始めました。自分自身の中に矛盾が生じ、かえって自意識が強くなり、余計な考えにエネルギーを費やし、自分が自分らしく生きることはできませんでした。

バートランド・ラッセルは、イギリスの首相を2度務めたジョン・ラッセルを祖父として、貴族家庭に生まれました。哲学者であり、数学者でもあり、ノーベル文学賞を受賞し、生涯を通して平和運動に力を尽くし、多彩な才能を発揮した人物として知られています。

彼は幼くして両親や祖父と死別し、祖父同様に急進的な自由主義者であり、権威主義を嫌い、敬虔なプロテスタント信者であった祖母に育てられ、大きな影響を受けます。ラッセルは祖母により禁欲的な信仰教育を受け、生をいとい、思春期にはいつも自殺の淵に立たされていたと言います。

彼は著書『幸福論』（岩波書店、１９９１年）で、すべての不幸の原因は、「自分の中の意識と無意識の分裂」と「社会とのつながりの欠如」に起因すると述べています。「意識と無意識の分裂」は、幼少期に受けた宗教的、道徳的な教育による罪の意識によって起きるものです。私の感じた「不毛の人生」とは、まさしくこのようなことなのです。

以前、ある年配の牧師夫人が「私の人生はこのまま終わるのかしらって考えることがあるのよ」と、そっとつぶやいたことがあります。貧しい牧師の家庭に生まれ、やがて牧師の妻となり、人生をすべて教会のために捧げ尽くしました。私たち家族も夫人にどれだけ支えられたかわかりません。しかし、牧会者《ぼっかい》の妻としての教会内での葛藤や苦しみは壮絶でした。そのために祈って欲しいと、遠方にいる私に心痛あふれる手紙を送ってきたこともありました。聖書に約束されている天国がなければ、彼女の希望はどこにあるのでしょう。私はそのような苦しみに悶える牧師やクリスチャンたちの姿をたくさん見てきました。だからこそ、私も彼らと共に祈り、矛盾や葛藤も甘んじて受け入れ続けてきたのです。

『聖書はもういらない』では、信仰生活に矛盾があるのは教会や人間側の問題ではなく、あくまでも聖書の教えそのものに矛盾があるということを伝えようとしました。私が出会った多くのクリスチャンたちは、私と同じように、人間らしく豊かな人生を生きようと神を信じていたのであり、そのマニュアルである聖書に忠実に従って献身的に生きてきたのです。神がいるならその苦しみも意味があるのでしょうが、そうでないなら不毛の人生を生きているだけです。

世界になぜ矛盾や葛藤があり続けるのか。それは人間の「罪」によるものではなく、成長の過程で築かれていく固定観念などの見えない「壁」のためだと考えられます。強固な壁と同じように固定観念も、人間なら誰もが持つ、自分では気づくことのできない認識の壁なのです。

もし『聖書はもういらない』を読んで、教会やクリスチャンたちへの批判だと考えるなら、それは私の本の意図とはかけ離れています。クリスチャンたちも私にとっては、同じ時代を生きる人間であり、私の家族でもあり、友人であり、以前の私の姿でもあります。人間は誰でも、固定観念を持つものであり、ときには強固な壁を築いてしまう存在なのです。そのような人々を非難しようなどと考えること自体、壁の向こう側にいる人々の姿が見えていない状態だと言えます。それよりもクリスチャンたちにこそ、その壁の存在に気づいて欲しいために、このような本を書いているのです。

教会や教派の選択を誤ったという問題ではない

戦後、欧米から福音派の宣教師が多く送られてきた影響もあり、日本や韓国の多くの教会は福音派です。そもそも、クリスチャン人口の少ない日本で、教会さえない地域もあるのに、そのような地域で暮らしている人々は教会を選ぶことさえできません。

私の四国の故郷も、教会ができたのは戦後のことでした。戦前から神戸で伝道していた筋金入りの明治生まれの牧師が来て、戦後の混乱の中、地域の人たちと共に開拓伝道して建てられた教会です。そのような意志の屈強な牧師ですから、役員たちの中には反発して離れていき、自宅を教会にした人もいたそうです。そのような教会で牧師と馬が合わなくて他の教会に移りたくても、交通も不便な貧しい時代に不可能なことでした。ましてキリスト教に出会ったばかりの人が、どの教会が正しい教会なのか、判断することなどできません。どの教会も自分の教会は正しい教会だと言っているわけですから。傷つき、失望し、離れていった人もたくさんいましたが、信徒たちは牧師に対する不満を分かち合いながらも互いに励まし合い、上（神）を見上げて従い続けたのです。その後にも、教団本部から献身的な牧師たちが派遣され、信徒と協力しながら、教会の雰囲気も牧師が変わる度に変化していきました。

たとえ自分の町によい牧師がいたとしても、その牧師も転任して離れたり、年老いたり病気で辞めたりすることもあります。また優秀な牧師であったとしても、誰もがその牧師と相性が合うわけではありません。牧師次第で、あるいは教会次第で、信徒の人生が振り回されるなんてたまったものではありません。

それで教会そのものを否定する教派だってあります。私の友人も、教会生活に不満を感じ、数人の信徒たちと共に無教会派に移りましたが、結局、人間という組織の葛藤の中でつまずいて苦しみ、再び教会に戻ってきました。今も矛盾に満ちた信仰生活を送っていて、その苦しい思いを打ち明けられたこともありましたが、遠くの教会に行くのは大変だし、どこへ行っても問題はあり続けるからと言って、教会の納骨堂を申し込み、もう他には移らないと言っていました。彼女の希望はただ天国にあるのみです。

ある問題の多かった教会で、その教会の長老がいつも言っていました。「つまずきの多い人間を見るのではなく、上（神）をいつも見上げていきましょう」と。しかし、そのような問題の多い教会で、キリストの命令である伝道をどのようにすればいいのでしょう。その教会の婦人会の会長は「自分の夫を信仰に導きたくても、自分も教会生活に強い葛藤があるのに、そんなところに夫を連れてくることはできない」と私に打ち明けました。そういう教会の姿に自然とため息がもれ、私の夫もそういう私の姿に、「なんでそんなにため息ばかりつくのか」とよく言っていました。

私は教団や教派や教会にこだわりなく交流していました。無教会だろうが、福音派であろうがなかろうが、カトリックであろうが、そこでその人がキリストに出会っているのならそれでよいのでは、と考えていました。人それぞれに個性があるように、教会や教団にも個性があるわけで、どの教会や教団が正しいとか間違っているとか、誰にも判断できないでしょう。

私が生まれ育った地元の教会は、明治生まれの牧師が開拓したので、そのような雰囲気も色濃く漂う教会でしたが、その教会で感じ続けた矛盾は、生涯私の反面教師となりました。

若い頃、日曜日の朝早く、教会学校の奉仕に行くと、ふだんは権威的な牧師や伝道師たちが激しく口論しているのを見て、彼らも所詮同じ人間なのだと思い、そのような人たちのいいなりになる必要もないと思っていました。

それで牧師たちに支配されることのないよう、またカルト的な教会を選別するためにも、聖書について自ら学ぶ必要を強く感じました。しかし、当時の日本の教会の多くは、聖書教育を体系的にできるような機会はほとんどありませんでした。多くの教会の信徒は、ただ牧師の導きに従って信仰生活をしていました。私は、結婚して韓国で暮らすようになった時、体系的に学ぶ機会に恵まれ積極的に学んでいきました。

信徒が聖書を学ぶことが悪いことでしょうか。聖書がなくては、キリスト教は成り立ちません。問題はその解釈や適用が一様ではないということです。昔は難解な聖書を牧師がひもとき、信徒は牧師の教えに従うだけの時代が長く続きました。そのような教会で信徒が自立した信仰を持つことは困難でした。

しかし今は、さまざまな学びの場が開かれ、インターネットで自由に学ぶこともできます。私が学んだのは、韓国の長老教会の聖書講座や、アメリカのChristian Campus Crusadeのテキストや、日本では某牧師の本格的な講座を受講しましたが、どの講座も体系的で聖書に忠実でした。

福音派は聖書中心主義ですから、神の言葉である聖書に従って信仰生活をしようとします。聖書に従って信仰生活をしようとする福音派に問題があるとしたら、それは聖書そのものに矛盾や問題があると考えるべきではないでしょうか。

福音派を批判する意見もありますが、私の出会った福音派の多くの教会の牧師や信徒たちは、人間的に尊敬できる、温かく献身的な人がほとんどです。そのような人たちの存在がなければ、教会は存続できないでしょう。

どのような教会であっても、外から見れば、結局は同じ穴のムジナです。聖書を奉ずるクリスチャンどうしでありながら、互いの教会や教団、教派を批判し合うとしたら、これこそ矛盾そのものだと言えます。

人生破綻と聖書とどのように結びつくのか

聖書を信奉している多くの人が私のような矛盾に満ちた人生を生きているわけではないし、私の人生破綻を聖書と結びつけるのは納得できないというのが、多くの方のご感想だと思われます。つまり、私が人生破綻したのは、私個人の生き方や人格の問題であって、それを聖書やキリスト教に責任転嫁しているだけではないかということでしょう。

それでこの続編では全体を通して、私の人生破綻と聖書の世界観がどのように結びつくのかをご理解いただけるように努めました。

絶対者の支配、あるいは絶対的真理というものが一元論的な思考です。一神教は一元論的な世界観です。人間は神の栄光のために生きる存在となります。

このような世界観を植えつけられた私は、その絶対者の言葉である神の言葉、すなわち聖書に従って生きてきました。幼い頃から毎週の礼拝で聖書の話を聞き、聖書の言葉を暗唱させられ、美しい挿絵のある聖書物語を読んだりして聖書の世界に親しんできました。

私の母は毎朝早く起きて聖書を読んで祈り、食事の時も、生き生きとした表情で聖書の話をするほどでした。教会の親しい信徒たちも、問題が起きると母によく相談しました。母はいつも、「聖書にはこのように書いてありますよ」と丁寧に説明するので、信徒たちに信頼されていました。

この一元論的な聖書の教えによって、世界は神中心、あるいはクリスチャン中心に見えてきます。現実や人のありのままの姿が見えにくくなり、養老孟司氏はそれを「強固な壁」と説明しています。さらに養老孟司氏は『バカの壁』（新潮社、２００３年）で、「バカにとっては壁の内側だけが世界で向こう側が見えない」、もちろんその壁は見えないし、「壁の向こう側が存在しているということすらわかっていません」と述べています。壁の向こう側が見えない、それを養老氏は「自分と違う立場のことは見えなくなる」状態だとも説明しています。そして「一元論的な世界というのは、経験的に必ず破綻すると思います」と結論づけています。聖書の教えを学べば学ぶほど、つまり熱心なクリスチャンほど、当然その傾向は強くなります。聖書的価値観に支配され、不毛の人生を生き、その果てに破綻した私の人生も、そのようなことだと理解できます。

人間は神の前に皆平等というのですが、信じない人たちは神の怒りを受ける人たちであり、滅びても仕方がないのです。人間そのものが選別されているのです。これが一元論的な思想の危うさです。

イエスは最も大切な教えとして、「あなたの隣人を自分と同じように愛しなさい」と言っています。しかしそう言いながら、イエスを信じない者は救わないのです。彼を信じない者には永遠の滅びが待っています。神の支配や罪概念によって人間を選別し、個々の人間のアイデンティティは失われていきます。

私もやはり、子どもの頃、教会学校で毎週教えられた言葉が心に刻まれました。やがて、その言葉が私の考えや行動を支配していくようになります。罪とか、神の支配という教えは、神様が私のことをすべて見ていて知っているという自意識につながっていきました。友だちに対しても、聖書の教えのように行動しなければと思うと、自分らしく自然体でふるまうことができません。人の目よりも神の目を意識するようになります。監視カメラを常に携帯して生活しているようなものです。その監視カメラをオンにしたりオフにしたり、そのギャップが罪意識を増幅させ、自分自身に矛盾や葛藤を感じさせます。

神中心の世界観により、現実の世界も見えにくくなっていきます。そうなるとますます教会中心の信仰生活となって、自分の居場所であるその教会を支えるために懸命に奉仕します。

知人の牧師は、職場を早期退職し、退職金を投じて教会を建てました。その方も、長い間、納得のいく教会を地域に見出せず、いくつもの教会を転籍しました。そして神学校で学び牧師になりました。いつも最善を尽くそうと有言実行の本当に心の熱い牧師です。人間的に素晴らしい方だと尊敬しており、私の理想的な牧師の一人だったと思います。私もその方に似て、とことん突き詰めるスタイルでしたから、会った日から意気投合したものです。

けれども、一元論的な聖書の教えによって強固な壁の中にいるクリスチャンは、見えていない自分の目に気づくことは不可能です。そして神の導きだと信じ、神を信頼し、万事に最善を尽くそうとします。時には、聖書の言葉に支えられて非常に大胆になることもあります。壁の向こうはどんどん見えにくくなり、現実も見えにくくなり、判断を誤っても気づくこともありません。私の場合、それがあのような形で出たのでしょう。

しかし、神がもし存在していたのなら、私の生き方は正しかったと思います。神が存在していなかったから大破して、生き地獄を見ました。生き地獄を見なかったら、まちがいなく死ぬまで信じ続けたでしょう。そういう意味では幸運だったと、今だからこそ言えるのです。聖書に従って最善を尽くして生きてきたからこそ、こういう状況に直面したのだとも言えます。

聖書教育が偏っていたとか、世の中とのバランスや配慮が欠けていたとか、人間性どうのこうのという問題ではないと思います。聖書に書かれている内容が、一元論的な世界観であるために、当然、矛盾や葛藤が生じるしかないのです。

私の周囲でも、平凡な信仰にとどまらず教会や教団の中心となって、頭が下がるような有言実行の立派な信仰の先輩たちが、最終的に見るのも聞くのも気の毒な悲惨な人生を送ったり、すでに失意のまま世を去った先輩たちがたくさんいます。彼らはそれでも最後まで信仰を捨てませんでした。天国への希望を持っていたからでしょう。

私は信仰を捨てました。その差は何なのでしょう。私は永遠の命というものを信じていましたが、たった一度の人生をよりよく生きたいという願いもありました。労働も神に捧げる尊い礼拝だと言われていました。矛盾や葛藤の多い教会の中だけでいるよりも、職場で多くの人々に出会って学ぶことの方がはるかに多く、成長につながることを日々実感していたので、仕事は私のライフワークそのものでした。大都会の大きな組織の中で感じた矛盾もやりがいも、私の視野を大きく広げ、社会の仕組みというものを学ぶ実体験の場となりました。

職場では、自分の未熟さから失敗や挫折が多々ありましたが、研鑽を積みながら乗り越えていくうちに、学科の責任者となり、思いがけず功労者として表彰されました。しかし、そのような多忙を極める仕事を抱えながらも、教会を愛し支え続けてきましたが、過労で倒れるようになってしまいました。

資料作りなどの長時間のパソコン作業や職場のさまざまな課題や問題が重なり、限界を超えてしまった私は、ある日、何のアイディアも浮かんでこなくなった脳に異変を感じ、やりがいを感じていた職場を辞める決断をしました。辞めたのちも、職場からの復帰の誘いもありましたが、考えたり話したりすることができないほど疲弊していて、社会生活は不可能でした。

都会では、過酷な仕事でストレスをかかえ続け、ギリギリの精神状態で働き続けたり病んで離職する人は、周囲に珍しくありませんでした。倒れてしまっても、休養して健康を取り戻し、その後の人生を楽しんでいる人も身近にいました。しかしその後、自分に起きた悪夢のような現実に、私が信じてきたものは何だったのかと考えざるを得ないほど、私の人生は土台から一気に崩れ落ちました。

また、「神様がいないと生きていけない」というほど、依存していたのではなかったからかもしれません。四国の田舎で育ち、キリストなど信じなくても純朴で温かい親戚たちとの触れ合いや、学校や部活動のコーチや仲間たちとの楽しかった日々、職場での多くの人々との生き生きとした出会いなど、そういった経験が、人の心を感じ、人間を好きになり、絶対的な支配やカルト的なものに対する警戒心を持っていたように思います。支配的な牧師の態度も、反面教師として距離を置いて見ていたし、必要ならば牧師に個人的に意見することもあり、そのようにして去った教会もいくつもありました。

私の場合は、聖書一辺倒の信仰者の母親に育てられ、幼い頃から教会学校で聖書教育を受け、聖書の価値観によりアイデンティティが築かれたことで、極端な形でそれが表れたと思います。たとえ、あのような悲惨な出来事が起こらなかったとしても、信仰を持ち続けていたなら不毛の人生を生き続けたでしょう。強固な壁が崩れるためには、すべてを失うほどの体験をしなければならなかったわけですが、それでも気づけない人も多いと思います。だからこそ、強固な壁なのです。そうなる前に気づいて欲しいと、このような本を書いています。

「自分はあなたのようにはならない」と言う人

「自分はあなたのようにはならない」と言う言葉を聞くと、複雑な思いになります。発言者にそのような意図はなくても、私の人格や人間性が否定されていると感じます。自業自得だと結論づければ、その心の苦しみなど問題外でしょう。しかし、何が自業自得なのでしょうか。キリストを信じたことでしょうか。あるいは信じ方が間違っていたのでしょうか。

私のような悲惨な経験をするのは、果たして私個人だけの問題として片づけてもよいのでしょうか。私もこのようなことが起きる以前には、自分よりも家族や周囲の人々のことを思って、懸命に生きる一人の人間に過ぎませんでした。ですから、何事もなくなんとか無事に暮らしているからといって、自分は絶対大丈夫、自分は安全だと考えていても、すでに強固な壁は存在している可能性があります。誰でも、親しい人の気持ちならば共感できるように、会ったことのない他人であっても同じ人間だと認識することができるなら、その気持ちを理解しようとできるはずです。もし相手の心が見えていないとしたら、そこにはすでに見えない壁が存在しているということでしょう。

宗教や信仰を肯定する人も、否定する人も、人間や社会について考えていないという点では同じことだと言えます。また、信仰する人を愚かだと決めつける人は、自分自身をわかっていないように思います。いつの時代でも、人は幸福を求めて、何らかのイデオロギーや価値観や思想という名の信仰を追求し、その時代や社会に帰属してきました。それによって、民族と民族が争い、国と国が対立し、破綻や滅亡を繰り返してきたわけです。

例えば、戦時中の日本やヒトラー政権下のドイツや共産主義国家の中国、あるいは戦後の日本の自由民主主義などというそれぞれの時代の雰囲気の中で、国家の理念に流されないでいる人がどれほどいたでしょう。それができないから、世界は今も矛盾だらけです。いかなる世の中であっても流されず、自分で考え、決断する自由を持つ人ならば、他人を頭ごなしに否定したりする必要はないはずです。なぜなら、そのような人には壁がなく、人間や世界をありのままに見つめようとしているからです。

「自分はあなたのようにはならない」と考えている方たちは、自分が見えない壁の中にいないか振り返ってみる必要があるでしょう。自分たちは人間性を大切にしている、バランスが取れている、問題なくやっているとか、自分は思い込みやこだわりが強くない、あるいは自分にはまったく関係のないことと考えているかもしれませんが、そのような目線で見ているときこそ、強固な壁の存在にまったく気づいていない状態だと言えるのです。

あの本を書き終えたことで、闇のような喪失感から抜け出し始め、人生を喪失するという出来事を体験したからこそ、聖書の世界観から解放され得たのだと気づき始めました。これほどのことがなければ、強固な壁が崩れ落ちるようなことは起こり得なかったはずです。

その後の私の生活は、健康回復に1年ほどかかりましたが、今はぐっすり眠れるし、たとえ60年間築いてきた人生が破綻したとしても、命の輝きを一瞬一瞬感じることのできる今の日々がかけがえのないものであって、地球という星の上で生きていることを幸せに感じています。

失ったものや過ぎ去ったものに未練はありません。その時、その時を、拙《つたな》いながらも私なりに精一杯生きてきましたから、もう一度生き直すことができたとしても、聖書の世界観でそれ以上の人生を生きることはできなかったでしょう。その結果が、破綻に向かって不毛の人生を生きてきたとしたら、生きているうちに結果が出ただけでもよかったのだと、今は考えています。

「神を信じなくては生きていけない」と言うクリスチャン

「神を信じなくては生きていけない」と言うのは、信仰への依存度が高い人だと思います。私の周囲の熱心なクリスチャンたちの多くが、そのように語っていました。

私自身は、そのような依存的な信仰ではなく、聖書というマニュアルに基づく、神との契約関係のような面が強かったので、神への信頼を失った時には、神などいなくてもまったく問題ありませんでした。ただ、そのために失った人間関係や居場所などのほうが問題でした。

「〇〇がないと生きていけない」という状態は、それが家族であれ、恋人であれ、麻薬であれ、タバコであれ、酒であれ、嗜好品であれ、信仰であれ、依存症と言えます。そのような状態では、健康に支障が生じたり、社会の中で調和を保って生きることが困難になります。

たとえ教会の中でよい関係を築いていたとしても、閉鎖的な世界で生き続けるほどに強固な壁はますます高く厚くなり、年をとった頃には社会と断絶した人格になっている人を少なからず見てきました。

私の母もそのような典型です。若い頃は理解力や記憶力も人並み以上で、教会の中で、聖書の生き字引のような存在でした。霊性の高い信仰を持っていると言われて信頼され、礼拝での祈りのときには、いつも必ずというほど指名され、真摯な祈りを捧げてきました。そのような母の影響を受けて育った私は、母を尊敬していたし、人間は罪深くて過ちが起きるけれど、神は完全で聖書は絶対的な真理だと信じていました。

しかし、高齢になった母は、誰とも心を交わすことができず、閉ざされた世界で思考停止状態に陥り、天国だけを信じて生きています。本人の気づくことのできない強固な壁の中で、自分自身に矛盾さえ感じることなく、ただ堂々巡りの時間を過ごしています。この世で生きる喜びを求めず神だけを信頼してきた母の、今の抜け殻のような姿を見ると、人生を詐欺のように奪われたにもかかわらず、奪った相手を賛美しこよなく信じ続けているという理不尽さを、娘の私が母に代わって、身にしみて感じています。

精神科受診を拒否したわけ

私は精神科病院に強制的に保護入院させられました。その時の状況は、恐ろしいサスペンス映画の主人公にでもなったようで、信じがたいほど悲しい現実でした。1分も眠れない状況が、ほとんど2年間継続しました。副交感神経がまったく働かず、疲れさえ感じることがなく、交感神経が異常に働き続けていました。人間は1日だって眠らずにはいられません。夜になれば疲れて眠るのは、当たり前のことだと思っていました。それにもかかわらず、眠気も疲れも感じることなく、昼も夜も覚醒し続けるというのは、拷問、あるいは生き地獄そのものです。そして正常な感覚や思考は失われていきます。

母が幼い頃、村の若い女性が、何か恐ろしい目にあったのか、気がおかしくなってしまったらしく、髪や衣装も乱れたまま放心状態で歩いている姿を見かけた、という話を聞いたことがあります。気が狂ったというのはそういう状態なのでしょう。もしかしたらその女性も、恐怖体験で自律神経に異常が生じて眠ることもできなくなり、錯乱状態だったのかもしれません。

私のそのような錯乱状態を見て、周囲の人々は衝撃を受けていました。1分も眠らずに4ヶ月も過ぎると、脳は錯乱します。どんなに強い睡眠薬を処方されても、眠気さえ感じることができませんでした。

職場生活の慢性的な過労で極度に疲弊していた私は、仕事を辞めてからも長い間、元の状態に復帰できずにいました。そのような状態で実家に戻り、騒音がきっかけとなり不眠地獄に陥ったのでした。

私がそのような状態になったのは、経験したことのないような恐怖の戦慄のような深い喪失感が、まるで雷に打たれたかのように突然襲ってきたからでした。自律神経に異常を来したその瞬間をはっきりと覚えています。その引き金となったのは、深夜に聞こえたカラオケ騒音と父が見ていたテレビの大音響でした。幼い頃から、工場の騒音や近くの大病院の救急車の音や、港町だったのでフェリーに向かうトラックや船の汽笛の生活音を子守唄にして育ったにもかかわらず、神経の疲れが回復していなかった私には、真夜中の騒音は十分に凶器でした。その瞬間から、交感神経が休むことなく異常に働き続け、まったく眠れなくなってしまい、生き地獄のような人生が始まったのです。

とにかく、その時の私の錯乱状態を見れば、誰もが、気が狂ったと思ったでしょう。精神科病院に保護入院させられ、医者は「あなたが何でここに来たのか、まったくわからない」と首をかしげ続け、重度のうつ病という病名を与えられ、１ヶ月ほどで退院させられました。

しかし、自由をまったく奪われた病院での非人間的な生活の体験や、退院後の環境が、私を追い詰めていきました。故郷で暮らし続けることは不可能だと思い、それから実家を出て、1年半余りのあてのない放浪生活となりました。

60歳を目前に、多くの友人たちは孫も生まれ、充実した時間を過ごしているというのに、神を信じていた私が、なぜ居場所も失って、行く先もわからない人生を送らなければならないのか。これは悪夢を見ているのだ、現実であるはずがない、きっと夢が覚めたら以前のような笑いの絶えない生活があるはずだ、と思い続け、現実を受け入れることはできませんでした。感情も消え、喜びも悲しみも感じず、深い深い喪失感が心の奥底に居座り続けました。もし感情がまともに働けば、とても耐えられなかったと思います。自分を守るために、交感神経が働き続けていたのかもしれません。

そのような私に、もう神などまったく意味がありませんでした。神が与えた試練なら、残酷な神です。死んでから地獄に行かなくても、現在進行形で生き地獄の真っ只中にいるのですから。夫に「私たちは今、生き地獄にいるね」と言うと、「その通りだ」と力なく相槌を打ちました。生き地獄まで体験させてくれた神に感謝するべきでしょうか。そうだとしたら、それこそ気が狂っているでしょう。

周囲の人々は、私を精神疾患だと決めつけ、治療を受けるように強く促しました。私がそれを拒否したのは、心の中の闇のような喪失感を、薬で治療することは不可能だと考えたからです。失ったものは戻らない、と家族たちは言いました。なぜ周囲の人は、誰一人私の気持ちを理解できず、人格まで否定し、ただ病人扱いするのか、このような人生になるために神を信じて生きてきたのか、そうだとすれば理不尽過ぎる人生です。生きるべき拠り所をすべて失い、ただもがき続けました。

眠れない私には、意外なこともありました。住むべき次の場所を求めて、１日かけて車を運転して行くのですが、ずっと眠っていないのに眠気も疲れもまったく感じません。９月でしたが、道路沿いの美しい景色に癒されながら一人でドライブしました。思い出がいっぱい詰まったなつかしい道の風景でした。

私は以前から、地方の教会の牧師と長い交流がありました。配慮もあり機転のきく牧師とは友人のような関係で、その牧師が新しい教会を建てた時にもできる限りの献金や支援をしました。娘の結婚で娘のアパートにいられなくなったので、その教会の空いている部屋を賃貸し、そこで次の居場所を探しました。

まもなく、森の中の静かなアパートを見つけ移りました。まったく見知らぬ土地での生活で、社会からの断絶感がさらに深まっていき、10月になると、いのちの電話をかけ始めました。1ヶ月ほどで話すこともなくなり、11月に、遺書のつもりで本を書き始めました。

私の不眠が回復し始めたのは、「聖書はもういらない」の第一章を書き終えた頃からでした。第一章でキリスト教の全体の歴史を書き終えたとき、それまでの私のキリスト教のイメージはまったく覆されました。

人類史を長く支配してきたキリスト教は、人々の心を支配し、多くの人々を理不尽な死に追いやってきました。ミケランジェロの『最後の審判』の壁画のように、神の裁きを恐れ、不毛の人生を生きていることに気づくことさえできませんでした。たとえ、明日、磔《はりつけ》にされるとわかっていても、キリストを否定することができなかったキリシタンたちのように、聖書の言葉に導かれ、沈黙する神を信じ続けてきたのです。永遠はこの世界よりはるかに長く続くのですから、祈って耐え、信じ続けるのです。

そのような理不尽な人生に対して、「人間に罪があるから、そのような過ちが起きるのであり、神は正しいお方です」という説明を、私は信じていました。だから、神が最後に裁かれるのであると。完全に堂々巡り、矛盾のスパイラルの中を、人類は生きてきたのです。

キルケゴール（デンマークの哲学者１８１３～１８５５）は著書『死に至る病』の中で、すべての人間は自覚するしないにかかわらず絶望状態にあるのであり、絶望は死に至る病であり、絶望とは罪である、と述べています。そして、そのような絶望的な自己を神の前に捨てることが信仰であり、病の回復につながると主張しました。それは長い間、西欧全体を支配していた病であったかもしれません。つまり、絶対的な神概念こそが、人間存在の矛盾と葛藤を生み続けてきたと言えるでしょう。

そのようなことが見えてきた時、私に起きたことや人生で感じ続けてきた矛盾の答えが、その延長にあることに気づきました。神は存在しなかったのです。聖書の価値観に支配されて生きてきた私は、ただ不毛の人生を送ってきただけでした。

私は底なし沼のような喪失感から抜け出し始めました。同時に、副交感神経が少しずつ働き始め、疲れや眠気も徐々に感じ始めました。感情も戻り始め、何年ぶりかに涙を流して泣き、そして笑えるようになってきたのです。

もし精神科で治療を受け続けていたら、本当に精神疾患患者になっていたでしょう。精神科の存在を否定するものではありませんが、私は喪失の悲劇により強固な不眠状態に陥っていたのであって、それは精神科で治療できるようなものではなく、強固な壁が崩れ落ちるまで回復の道はなかったのです。

第3章　逆転人生

人間を幸せにできるのは人間

２０１８年11月に『聖書はもういらない』を書き始め、ほとんど休むこともなく昼も夜も原稿を書き続け、11月末には、ほぼ書き終えました。本当に苛酷な日々でしたが、没頭している間はつらい現実を忘れることができました。それ以後は、その原稿を何度も読み返しては推敲していきました。以前に翻訳本を出版した経験が役に立ちました。

書き終えた頃には、本のタイトルのように、キリスト教の世界観から解放されていました。強固な壁は一気に崩れ落ちました。すべてが新鮮に感じ、世界がまったく違って見え、心は解放されていきました。

ほんのひと月ほど前までは、美しい風景さえ見るのもつらくて、外出することも苦痛で、あの橋から飛び降りたら数秒で人生を終えられる、と死に場所ばかりさがしていました。しかしその数秒で、私はきっと夫と娘たちの苦しみを思って後悔するだろうと想像すると、そのような死に方はできませんでした。

もう一度ここで生きてみようという力が湧き、新しい居場所をさがし始めました。夫の職場の人々の特別な配慮で願ってもない早期退職が実現しました。その退職金で中古の家を購入しようと考えました。あちらこちら巡って、たまたま覗いてみた不動産屋で、森の中の数件の空き家を紹介してもらいました。そのうちの一軒が気に入りました。都会では考えられないような手頃な価格でした。社長は私の事情を察して、相手の方にさらに安く交渉してくれました。長い間別荘として使われていたので、すべての生活道具がそろっていましたが、もし処分するならそのまますべて置いていってくれるとありがたい、と率直にお願いしました。売り主の方はご高齢で、荷物を処分するのも面倒なようで、快く、家具や電気製品や寝具や食器、雑巾や洗剤までも、指一本触れずそのまま置いて、鍵だけ渡してくれました。世の中には、こんな潔い人たちもいるものかと、私にとって言葉通りに「地獄に仏」でした。

12月下旬、私は森の中の家に移りました。そこでの暮らしは別世界でした。夜明けになると鳥たちが一斉にさえずり始め、１日中、小鳥のさえずりが聞こえてきます。風が吹くと、木々が揺れざわめきます。やがて春が来ると、カタクリやシュンランの花が咲き始め、木々が芽吹き、さまざまな植物が森を彩っていきます。早朝には野ウサギやキツネも見かけました。そんな1日が始まる夜明けが待ち遠しく、心躍る日々でした。

幼い頃、自然豊かな田舎で育ち、春になると、周囲一面のレンゲの花を夢中になって摘みました。近所の子どもたちとレンゲ畑に飛び込んで転がり遊びました。あの頃のワクワクするような気持ちが蘇ってきました。そのような自然のリズムの中での暮らしが、２年間眠ることもできなかった体を次第に回復させ、やがて、以前のようにぐっすり眠れるようになりました。

周囲の人たちとの関係性も変わりました。以前はクリスチャンたちとのつきあいが中心でしたが、ここでは誰にでも自由に心を開くことができました。もう伝道する必要もないし、クリスチャンとかノンクリスチャンとかどうでもよいのです。

私は過去のほとんどの人間関係を失いました。そしてそれを回復する必要も感じていません。私に起きた出来事を私の家族たちさえ未だに理解できていないのに、まして事情のわからない人々に説明のしようなどありません。一度死んだのも同然だと思い、まったく新しい人生を生きていこうと考えました。誰一人私を理解できる人はいなくても、私自身が私に出会い、私自身を愛することができるのですから幸せだと言えます。

過去に未練はありません。失ったものにももう未練はありません。すべて失ったからこそ、強固な壁は崩れ、今の私に出会えたのです。これだけ多くのものを失ってもこのように生きているのですから、奇跡的だと感じています。

2年間の生き地獄のような体験は、私の人生観を大きく変えました。誰も私を救うことはできない、家族でさえ私を理解できず追い詰める、そのような状況で死の淵を覗きこみ、魂の絶望の叫び声をあげました。この世界には私のような、あるいは私よりもはるかに理不尽な人生を生きた人々が無数にいます。そのような人々の叫びが、私には聞こえてきます。たとえ過去の時代の人々であっても、同じ時代を生きている人々であっても、国が違っていても、年が離れていても、人間として共感することができます。

「人間を幸せにするのは神様ではありません。人間を幸せにできるのは人間です」という、前著で語った言葉のように、人間を幸せにできるのは人間であると同時に、人間を不幸にするのも人間であるとしたら、そのような理不尽と向き合っていかなければなりません。神様まかせにしても、神は永遠に沈黙を守り続けます。

「人間を幸せにできるのは人間」ならば、どのようにして人間は人間を幸せにできるのでしょう。本来、人間は人間を幸せにできる存在なのです。幼子を見て、彼らを憎むことはありません。何の力もなくても、周囲の人を幸せにします。幼子には何のとらわれもなく、ありのままの姿で生きていて、周囲の人々に素直に反応するからでしょう。大人であっても、さまざまな固定観念などにとらわれず自分を解放し、相手をありのままに受け止めて接していくことができれば、心の交流が生まれ、生きる力や喜びが湧いてくるのです。

自分一人だけが幸福な社会なんてあり得ません。社会に歪《ひず》みがあれば、そのしっぺ返しは誰かが被らなければならないからです。昨今話題になった渋沢栄一氏も、そのような矛盾に気づいていた社会事業家でもありました。しかし、さまざまな壁の存在が矛盾を生み続けます。人の心が見えていない時、そこには何らかの見えない壁が存在している可能性があります。自分の周囲にある壁に気づくことから、まず始める必要があるのではないでしょうか。

私はもう祈らない

韓国で暮らしていた1997年頃だったか、「祈り」について印象的な出来事がありました。韓国の代表サッカーチームが、健闘の末、ワールドカップ出場権を獲得したのでしたが、敬虔なクリスチャンとしても知られていた監督が「その試合の決定的場面に臨んだ時、神に祈った」というようなコメントをしました。ところが、ある哲学者が、そのコメントに対して新聞記事で「そのような重要な場面で神に祈るなどというのは、監督として不適切だ」というような批判をし、監督がそれに対して弁明の記事を載せるというようなやりとりがありました。

人はなぜ祈るのか、考えてみる必要があるでしょう。祈りには、自分の願望や欲望、自己中心的な価値観や世界観が反映されている可能性が十分にあります。しかし人生には、自分の願いや思い通りにいかないことは多々あるし、むしろそういうことの連続でしょう。願い通りにいかなかったことがかえってよかった、ということも長い人生の中ではよく経験するものです。

キリスト教では祈りとは、「キリスト教における祈祷は、神への賛美を本来的な形とする。祈願・罪の告白等も、究極にはそれによって神の栄光が顕わされることを願うのであり、現世利益は本来的なキリスト教の信仰が追求するものではない。祈りの意義の最大のものは、永遠なる神との人格的な交わりにあるとされる」（「祈り」『フリー百科事典ウィキペディア日本語版』２０２２年２月２０日（日）05：13ＵＴＣ）と説明されています。つまり、現世利益の追求ではなく、神との交流だということです。

森の中の家に移ってしばらくして、以前親しくしていたクリスチャン夫妻が、遠方から訪ねて来てくれました。私の家で泊まり、夕方食事を始めようとしていた時でした。夫妻の携帯に遠方でいる娘さんから電話がありました。携帯をなくしたとのことで、寮の近くの公衆電話からかけているようです。夫人は心配して食事もせずに、２階の部屋で祈ってくると言ったまま、30分ほど降りてきませんでした。しばらくして、娘さんの携帯から電話がありました。その携帯を拾った人からの電話でした。親切な拾い主は、本人も困っているだろうからと、仕事帰りにもかかわらずわざわざ寮まで届けてくれるということでした。まもなくして、携帯は無事に届けられたと連絡がありました。携帯紛失騒ぎで食事どころではありませんでした。

夫人は「私たちは守られている」と言いました。以前、私もよくその言葉を使いました。何かトラブルが起きたときは祈り、無事に解決すると守られていることを神に感謝し、その感謝の思いを皆で分かち合ったものです。

しかし私はその時、夫人のその言葉にまったく違和感を感じました。クリスチャンはいつも守られているのだろうか。クリスチャンだけが守られているのだろうか。祈ったから神が親切な人を使って携帯を届けてくれたのだろうか。祈ったら必ず神は応えてくれるのだろうか。「守られている」のなら、出された食事も食べずに、部屋にこもって祈り続ける必要があるだろうか。携帯をなくした娘さんは成人した大人で解決能力もあるのに、親がそのために祈る必要があるだろうか。聖書に「絶えず祈りなさい」とあるけれど、それは神に依存し生きることになり、自分というものを失っていく、つまり思考停止状態に陥っていくのではないだろうか。

クリスチャンはなぜ祈るのでしょう。神の助け、あるいは導きを求めるためでしょうか。神に感謝し讃えるためでしょうか。私も以前は事あるごとに祈りました。また事がなくても祈りました。私が判断力を失うほどに過労で倒れた時も、多くの時間を祈りました。歩くときも眠るときも祈りました。しかし、私の家庭は崩壊しました。私はなぜ守られなかったのでしょう。なぜ家族は生き地獄を見なければならなかったのでしょう。

不眠で錯乱して精神科病院に入院させられて以来、私は祈ることをやめました。祈って神に頼ったところで、神が解決するはずがありません。解決できるような神ならば、なぜそのような目に遭わせる必要があるのでしょう。そのような神なら、もしいたとしてもこちらからお断りです。そのような支配的な神のいる天国ならば行きたくもありません。地獄に行かなくても、すでに生きたまま地獄にいました。「いつも喜んでいなさい。絶えず祈りなさい。すべてのことについて、感謝しなさい」という、クリスチャンなら誰でも知っている聖書の言葉があります。これがクリスチャンの目指す信仰の姿勢でしょう。しかし今の私には、違和感を覚えます。なぜならそれは思考停止状態に等しいと言えるからです。

いったい人生は誰のためにあるのでしょう。神の栄光をあらわすために人間は造られた、と聖書にあります。つまり、人生は神のためにあるのです。それが一元論的な一神教の本質です。

私はもう祈りません。自分の目で見て、自分の耳で聞き、自分の言葉で語り、自分で考え、判断し、選択し、決断し、自分の人生を生きていきます。これまでの不毛の人生も私の人生の一部です。強固な壁が崩れるのに、60年の歳月が必要だったのかもしれません。その間、悩んだこと、苦しんだこと、楽しかったことすべてが、今の私には意味があります。悩むべくして悩み、苦しむべくして苦しみ、喜ぶべくして喜んだのです。その経験があるからこそ、このような本を書くこともできたのでしょう。

父の死

森の中の家に移って1年ほど過ぎ、横浜港に着いた大型観光船の乗客がコロナ感染し騒がれ始めた頃、父が癌の末期だと知りました。父がその半年ほど前から入退院を繰り返していたことを後から知りました。正月過ぎて再入院し、高齢の母一人で泊まり込みで介護しているというので、2月初め、帰郷し、疲れが限界に達していた母の代わりに、父の世話を引き受けました。

ターミナルケアの病棟に移ったばかりでした。初めの数日は看護師さんとの連携が慣れていなかったため、モルヒネが切れたのか、とても我慢強い父が「苦しいて生きとれんわ。殺してくれ」と、私に哀願するように言いました。認知症で状況もわからずベッドから降りようとするし、どうしてよいかわからず、夜行バスでひどく酔って一睡もできなかった疲れもあり、悩みました。

すると、看護師さんが「しばらくようすを看ていてあげるから、少し休んだらいい」「何かあったらいつでも呼んでくれたらお手伝いしますから」と言ってくれました。それからは、看護師さんとタッグを組むように連携して、父のようすが変わり始めるとすぐに、痛みを緩和する処置をしてもらい、父がひどく苦しむことはありませんでした。認知症で自分が病院にいることもわからず、立つ力もないのにしきりにベッドから降りようとするので、その度に看護師さんに車椅子に乗せてもらい、父が疲れるまで何時間も病院の中や外をぐるぐると回り続けました。

ラウンジの大きな窓からは、父の生まれた故郷の山々が見えました。夕焼けに染まる山を見ながら、父に「きれいやなあ」と言うと、父も「おお、きれいやなあ」とじっと見入っていました。

余命、あと1ヶ月だと言われていましたが、もっと長く生きられそうに思いました。病院の通路にはひな壇が飾られ、毎朝、お雛さまに会いに行き、父も一緒に「おはようございます」とあいさつしていました。

3月1日の午後、病室には数人の看護師さんが来て、皆でおしゃべりしていました。看護師さんが父にも話しかけると、父は嬉しそうに「バンザイ！」と言いながら両手をあげました。戦前生まれの父は、嬉しいことがあるとよく「バンザイ」をしていました。しかし、それが父の最後の言葉になりました。

その日の夜半過ぎ、突然、呼吸が速くなり、夜明け前、最期の息を静かに吐き、亡くなりました。その最期を看取り、父に「長い間ありがとう。本当によく頑張ったね」と泣きながら話しかけました。父はたくさんの人に支えられて、87年の人生を全うすることができました。3月3日が父の葬儀となり、家族だけで見送りました。

父は、昭和7年、四国の奥深い谷あいの村で生まれました。食料も乏しく、病院などまったくない地域で、病気になってもただ祈祷師に祈ってもらうしかないような時代でした。父は10人兄弟でしたが、そのうち2人は栄養も十分に摂れず幼くしてあっけなく亡くなり、姉もさらに奥の秘境の村に嫁いで間もなく、破傷風で亡くなりました。2人の兄たちは出征していたので、国民学校に通っていた父は、次から次へ生まれてくる弟たちの世話をしたり、農作業や家事を手伝っていました。戦争末期には、Ｂ29が谷あいの村の真上を飛んで行ったり、空襲で遠くの夜空が赤く染まるのを見たそうです。

　戦後になり、父は職業訓練所に通うために町に出ますが、そこで路傍伝道しているキリスト教の話を聞き、とてもよい話だと思い、牧師に勧められて洗礼を受けました。父はクリスチャンになり、熱心に聖書を学び伝道し、やがて牧師が勧めてくれた母と結婚しました。戦後の貧しい復興時代でしたから、日曜日も休むことなく働き続け、一緒に暮らす父の弟たちや親戚たちの面倒を見ました。誰もが助け合って生きる時代でした。製材所には日曜日でも関係なく現場からの注文があって、教会にはとうてい行くことはできず、母だけに教会に行くように言いました。結局、半世紀以上教会にはまったく行けず、80歳頃、仕事を辞めてから教会に行きました。子どもの頃の中耳炎の後遺症で耳の遠かった父は、礼拝の内容もまったくわからず、席を温めて帰るだけでした。そして認知症になり、以後、教会に行くことはありませんでした。

私は棄教して、死生観も変わりました。永遠の命を信じている時は、死に対して漠然とした怖れがありました。ミケランジェロの「最後の審判」の絵のように、神の裁きがあります。愛している人たちも、神を信じていなければ地獄へ落ちてしまい、一緒に天国へ行けないかもしれません。たとえ天国に行くことができるとしても、どんなところかもわからないのに、期待のしようもありません。

テレビ番組で、あるカトリック神父が「天国には素晴らしいご馳走がたくさん準備されているんだよ」と言って、信徒たちを元気づけていました。ご馳走を食べるのが天国の幸福なのでしょうか。そのご馳走は誰が準備するのでしょう。天国でも、食べたり、遊んだり、踊ったり、歌ったりするのでしょうか。反対に地獄に行った人たちは、苦しみ続けるのでしょうか。天国や地獄は、どの宗教も似たような発想です。

タリバンの兵士も言っていました。この世界では幸せな生活はなくても、天国に行けばすべて準備されていて永遠に幸せに暮らせるのだと。だから早く天国へ行くために、自爆テロも厭わないのです。

天国も地獄もないとわかると、死ぬことはとても自然なことだと考えるようになりました。父が無事に天国に行けるかどうかなどと、余計な心配をする必要もなく、最期まで一緒に心穏やかに過ごし、命の重みをしっかりと受けとめることができました。

父のように癌でモルヒネを打たれながら、いつまでも生きていなければならないとしたら地獄です。死は人間にとって、救いになることもあります。早すぎる死や、殺人や災害や事故などの死は悲惨ですが、だからこそ、いつ来るかもしれない死について考え、今をいかに生きるべきかを考えなければならないのでしょう。

母という存在の矛盾

父の葬儀を終え、私は出版社との原稿提出の約束期限も過ぎていたし、春から仕事を始めようと準備していたので、すぐに帰らなければなりませんでした。しかし、母は茫然自失状態でした。84歳になっても車を運転していましたが、車がなければ田舎では生活できません。周囲の人たちから母の運転が危険だとずっと言われていたし、私も実感していました。

それで父の納骨までの1ヶ月半ほど、さまざまな届け出などを手伝い、実家の整理や母の身の回りの世話をしました。共に暮らしながら、母が一人で暮らすことは不可能だとわかりました。これまで教会関係以外の人とのつき合いもなかったので、社会で生きていくための知恵や判断力はまったくありませんでした。とりあえず、母を連れて帰ることにしました。

私の家に戻り、母との生活が始まりました。母はかなり疲れていて、物が2つに見えて、字を書くのも困難でした。膝の痛みで歩くのもつらそうで、血圧も200を超えているのに本人はまったく無頓着で、いつ倒れても不思議のない状態でした。

そのような体調だからか、なおさら、イエス様が今すぐにでも迎えに来ると信じているようでした。私たちには心を開かず、食事の時も「いただきます」も「ごちそうさま」も言わず、黙って食べて部屋へ戻ります。毎朝、夫が食後のコーヒーを部屋に持って行っても、「ありがとう」も言いませんでした。

そういう状態がずっと続きました。初めのうちは、父が亡くなって間もないのでようすを見ていました。温泉に行ったり、お花見やフラワーガーデンや美しい自然や景色を見に、毎週のように出かけましたが、写真に写る母は無表情でした。

母は鬱ではありませんでした。ある日、教会の知人から電話があった時、「ここはお花がいっぱい咲いていてとてもきれいなところですよ。皆さんのこと祈っていますからね」と、嬉しそうなとても明るい元気な声でした。

数ヶ月して、相変わらず黙って食事する母に言いました。

「私たちと暮らすのが嫌なら、弟に世話になったらどうなん？」

「あの子たちとは暮らせん。嫁さんはとてもいい人やけど、外国人やし、私の面倒は見れん。それに、あの子（息子）が信じとる宗教とは合わんわ」

「私だって、キリスト教は嫌いやからね」

「あんたの生き方はそこが間違うとる」

「そう思うなら、四国に帰って、教会の人たちを頼って生きたらどうなん」

「私はもうあそこへは帰らん。もうすぐイエス様が迎えに来てくれるから、それまで私をここに置いといてちょうだい。今年中には必ず、私はここにはおらんようになるけん」

「お母さん、またそんなこと言ってるの。いい加減にしてよ。私はお母さんの世話をしながら、自分の仕事は夜中に起きてやってるんよ。『ありがとう』も『おはよう』も言わんし、なんでずっと黙ってるん」

「神様があんたを守ってくれとるから、私もここに導かれて生きとるんでしょ」

「私はあなたが信じたキリスト教のせいで、矛盾だらけの人生を生きてきたんよ。ここで今こうやって生きていられるのは、あの人（夫）やいろんな人の助けのおかげなんよ。お母さんがここに居られるのも、あの人のおかげなんよ。あの人にも感謝せないかんのよ。神様じゃなく、人間に感謝してよ」

「神様はこの宇宙を創ったお方や。私やあんたや人間を創ってくださったお方や」

「もういい加減にそんな話はやめて。私はあなたにそうやって言われて育てられて、自分の人生をまともに生きられんかった。生き地獄を見て、私の家庭は崩壊したんよ。私はこんな親の元に生まれてほんまに不幸だったわ。生まれなかった方がよかったわ」

「あんたの考え方は根本が間違うとる。イエス様が守ってくれたから、私は生きてこれたんや」

決して折り合うことのない互いの思いがぶつかり、母は聖書の話をしようとし続けるので、私は家を飛び出しました。近くの公園の駐車場で頭を冷やしてから、１時間ほどして家に帰りました。母は玄関の鍵を開け電気をつけてくれたまま、部屋で休んでいました。

こういうことが何度かありました。そして、イエス様の迎えはとうとう来ないまま、新年を迎えました。新年を過ぎてから母は、それからもう二度と「イエス様が迎えに来る」などとは言いませんでした。ここで当分暮らしていかなければならないと覚悟を決めたのか、「おはよう」とか「ありがとう」も言うようになりました。

車で出かけてもいつも黙っていたのに、私が聞いたこともないような母の子どもの頃の話をするようになりました。それまで母から聞いていた子ども時代の話は、結核を患っていた当時33歳の母親が、死期を間近にして3人の幼い子どもたちに別れを告げた時のことや、母親が死んだ後、よく夜泣きしたり、原因不明の高熱を出したり、寂しく不安だった子ども時代だったけれども、美しい自然に癒されたこと、継母が来て世話をしてくれたこと、戦争時代の怖かった体験、大地震や、その時大津波が来てたくさんの人が亡くなったこと、中学生の頃、絵を描くといつも背景は黒く塗りつぶしていたことなど、暗い思い出がほとんどでした。そんな母が戦後、キリスト教に出会い、天国に行く希望を持つことができ、死の恐怖やトラウマから解放されたのでした。

ところが、テレビを熱心に見て、世の中にはさまざまな人生があるのを見て共感することが多いらしく、母は子どもの頃のことをなつかしく思い出し始めました。

　母の実の祖父は、若くして亡くなっており、祖父の弟が遺された祖母と結婚しますが、その祖母も若くして亡くなり、義理の祖父は再婚していた。母の母親が亡くなった後、まだ若かった義理の祖父母がとても細やかな愛情をかけて育ててくれた。祖父は、竹やワラやカヤなどを編んで何でも作ることができる器用な人で、釣りも上手で鮎をよく釣り、牛や馬や鶏などの動物を愛情込めて育て、祖父の育てた馬は軍馬として献上され、その馬と一緒に召集され戦争にも行った。百姓をしていたので、戦争時代にもかかわらず食べるものには困らず、海が近かったので、漁師と物々交換して新鮮なカツオやイカもいっぱい食べた。父親は役場に勤めていたが、天理教を信仰するようになって教主になり、信徒を連れて天理までお参りに行ったりしていた。当時珍しかったトマトや花の種や球根などを取り寄せて栽培したり、好奇心の強い人だった。母親が結核で闘病中は、病気に効くというサフランの花を畑いっぱいに栽培したり、硫黄を取り寄せて風呂に入れたりした。

子どもの頃の母がこんなに幸せだったとは、初めて知りました。心豊かな人々に囲まれ育てられていたのです。

信仰を持ってからの母は、教会で、「すべての人間には罪がある」と教えられました。親身になって母のために祈ってくれる牧師や教会の信徒たちの存在は、母にとって心の拠りどころでした。私と弟の名前も、牧師が聖書の言葉から選んでくれたそうです。当時の教会はとても厳格で、クリスチャンは酒もタバコも飲まず、日曜日は礼拝を絶対厳守するというようなイメージが一般的でした。故郷の教会も明治生まれの牧師でしたから徹底していて、「神を信じない罪人と交わってはいけません」と毎週のように説教していたのですから、純粋な母はそれを鵜呑みにしました。クリスチャンの少ない日本の、特に地方では、周囲にほとんどクリスチャンはいなかったのですから孤立していきます。父の親戚たちとのつきあいも、母はだんだん遠ざけていきました。

私が幼い頃、同居していた祖父母に可愛がられていましたが、祖母があるとき、病気になり寝込んでいたので、そばに行くと、祖母が泣いていました。

「あんたのお母ちゃんが、神様信じんもん（者）は、死んだら地獄に落ちるんじゃって言うたんや」

幼い私には、どういうことかわかりませんでした。

母の心には強固な壁が築かれ、周囲の人の心も現実も見えなくなっていきました。教会だけが母の唯一の居場所でした。しかしその教会も矛盾だらけでいろいろな問題が次から次へと起き、互いにすったもんだしながら人生を費やしてきたのでした。

私が錯乱して入院し、退院した後、母は悲痛な声で叫ぶように言いました。

「あんたはこの家を滅ぼすために帰ってきたサタンや。あんたのような親不孝者はおらん。自分の好き勝手に生きてきて、人に迷惑ばっかりかけて、あんたは大馬鹿もんや……」

唯一頼りにしていた娘までサタンだと言い、世の終末が近づいている証拠だと、母は本気で考えていました。心配して訪ねてくる人や医師にまで「あの子は頭がおかしくなって、親の私に家を出ていけと言うたんです」と説明していました。「お母さんが私の部屋に来てまた再臨の話ばかりするから『私の部屋から出ていって』と言ったのを勝手に聞き違えたんでしょ。私がこの家を出ていくことがあっても、親を追い出すわけがないでしょ」と母に説明しても、「あんたは私に家を出ていけと言うた」と言い張るのでした。母の目にはもう、娘の私がサタンに支配されているとしか映っていないのでしょう。私の錯乱した状況から見て、誰もが母の説明を信じていました。

「私（母）とお父ちゃん（父）は、死ねへん。もうすぐに、イエス様がおいでになって、生きたまま天にあげられるから」

もう断絶状態、一緒に暮らすことはできないとわかり、まもなく私は未練もなく実家を出て、行くあてもなく放浪したのです。

大都会でがんばって生きてきた私に「あなたを見ていると、神様に導かれているのがよくわかる」と、ずっと応援してくれていた母でした。私が仕事を辞めた時、

「四国へ戻ってくるのは神様のみこころだ」と電話で何度も言いました。人生が何事もなく順調にいっているときは、神様の祝福だと言って神に感謝し、つまずいて苦しんでいると、神の導きに従わないからだと言って聖書の言葉を指し示すのが、母の思考回路のすべてでした。

そんな母もこちらへ来て、健康も徐々に回復し元気になっていきました。イエス様のお迎えもしばらくはなさそうなので、自分の人生を全うできるように、積極的に体を動かしたり、健康管理にも自ら気をつけて暮らしています。最近テレビでよく聞く「ＳＤＧｓ」という言葉が、母の口から突然出た時には本当に驚きました。こちらへ来た頃の母は表情も固く重い雰囲気でしたが、だんだん以前のように無邪気な笑顔を見せるようにもなりました。

若い時にキリスト教に出会って、それから60年以上信じ続けてきたのですから、母の頭のソフトを入れ替えるにはあまりにも年を取り過ぎてしまいました。母を見ていると、聖書的な世界観の強固な壁がどれほど人間を思考停止状態にしてしまうのか、ありありと見せつけられます。

テレビを見ても自分の世界観の中で見ているだけです。

「イエス様はこの世界で一番愛のあるよいお方なのに、イエス様を悪く言わないでちょうだい。おかしな本（『聖書はもういらない』）を書いて、あなたの中にサタンやヘビが入っとるのよ。みんなサタンにやられて世界はどんどん悪くなってるでしょ。テレビのニュースを見てごらんなさい。プーチンが戦争を始めて教会を焼いたり、日本でも子どもが親に殺されとるでしょ。人間に罪があるからでしょ……」

聖書の世界観の中で自分の都合のよいようにしか考えることのできない母は、ただ神だけを信頼し、本人にとっては矛盾もなく、この上なく幸福な人生なのでしょう。けれどもその母を支え続ける娘の心は、まったく見えていないどころか、尽くせば尽くすほどイエス様への感謝がますますあふれるだけで、娘はサタンに支配されていると信じています。どうして自分の世話を懸命にしてくれる娘に対して、「サタンがいる」などと言えるのでしょう。その矛盾にさえ気づくこともできません。

人の心がまったく見えていないのです。振り返ってみると、子どもの頃から親子間の心の交流などなく、キリストへの一途な愛に生きる純粋で素朴な母と、聖書の世界観の中で共に生きてきたのでした。

母の目には、すべての人間は闇の中で生きている罪人であり、キリストこそが世の光であり、真理なのです。クリスチャンたちの目から見たら、母は忠実な一信徒に過ぎないでしょう。しかし、今の私には、聖書の世界観でしか物事が見えていない母の言動を見ていると、支離滅裂で矛盾に満ちていて、不毛の人生そのものです。多くのクリスチャンは社会でも調和を保って暮らし、母のように信仰一辺倒のクリスチャンは少ないのでしょう。そのような母に育てられた私の人生が、矛盾に満ちていたのも、今では納得できます。

しかし、母のせいでも誰のせいでもありません。母の生きた戦前戦後の時代の雰囲気の中で、母がキリスト教と出会い、信仰を選択したことは、十分理解できるからです。だからこそ、私が存在しているのですから。

「あなたのみことばは、私の足のともしび、私の道の光です」（聖書）
　これは二十歳の誕生日に母から贈られた聖書の言葉です。母は「あてにならない人間に頼らず、神様の導きに従って生きていきなさい」と、信仰のバトンを私に委ねました。私は私なりに、母とはまったく異なった時代や世界で生きてきました。人間を罪人だと認識し、聖書こそ神の言葉と信じる信仰こそが、私の人生を不毛の人生へと導いたのです。
　キリスト教の２０００年の歴史を振り返るなら、聖書の支配的、排他的、閉鎖的、独善的な世界観が見えてきます。クリスチャンは神の支配を待望していますが、そこにはありのままの人間の自由や喜びはないと言えます。

明治生まれの祖父母

　明治33年生まれの祖父と、明治45年生まれの祖母は、私が生まれた時から身近な存在でした。しかし成長するにつれ、母が祖父母との関係を遠ざけていくにつれ、私にとっても神を信じない祖父母との関係に少しずつズレを感じるようになっていきました。

祖父は、四国の険しい山々の谷あいの村の、江戸時代初め頃から代々林業を営んできた家で生まれました。炭を焼いては、俵に入れて背負い、40〜50キロも川下の町まで歩いて売りに行きました。同じ部落の人と結婚し2男1女が生まれますが、最初の妻は若くして病死します。それでその妹になる人（私の祖母）と再婚します。

昭和の初め頃、戦争の機運も高まり「産めよ増やせよ」政策で、先妻の子も含めて10人の子どもをもうけますが、高地の急峻な山あいの村では作物も乏しく、栄養不足や病気で3人が亡くなります。戦前、祖父は、祖父の弟が暮らしていた朝鮮半島の京城（ソウル）まで行ったこともありました。また、村の水源地であるブナ森の木を軍に供出するように命令された時、当時、村の代表であった祖父は、県庁まで行って反対の意見書を届け、ブナの森は守られました。

戦後の復興で木材の消費が伸び、先見の明があった祖父は、山の木を売って得たお金で、村で一番早く、川下の港町に出て土地を買い、家を建て、青果市場や製材工場などを作り、大勢の家族を養い、進学させました。その頃、私は生まれ、学生の叔父やいとこたちが共に暮らしていました。高度経済成長期に入り、日曜日も休むことなく、早朝から真夜中まで、家族総出で働いていました。

祖父は当時の多くの親父さんがそうであったように、雷親父でした。父は仕事のきつさと祖父の厳しさに追い詰められノイローゼになり、精神科病院に措置入院させられるほど悪化しました。そのような時期が続き、母は幼い私たちを連れて海に飛び込んで死のうと考えたこともありましたが、自殺は罪であると教えられていたので思いとどまりました。そのようなことがあって、祖父も厳しく言い過ぎたことに気づき、以前よりは控えるようになったそうです。

私が3～4歳の頃、台風が来て、家も工場も泥水に浸かりました。家と工場の間には深い用水路を渡るための木の板が数枚かけてありましたが、その近くで一人で水遊びしていた私は、それが流されていくのを偶然見ました。そこへ家から祖母が出て来て、用水路を渡ろうとする瞬間、「その橋、流れていってないよ」と声をかけたので、祖母は危うく橋に足をかけようとしてやめました。私のその一言が祖母の命を救ったとは、幼い私には知る由もありませんでしたが、不思議にその時のことははっきりと記憶しています。若くして亡くなった父の姉の面影に私が似ていたらしく、祖父母の愛情を感じながら育ちました。

祖父はよく、祖母を連れ、二人で日本の各地を旅行しました。ある年は、大阪から東京の日本橋まで1ヶ月程かけて、すげ笠をかぶって二人で歩き通すような、昔ながらの気ままな旅でした。旅行から帰ってくると、珍しいお土産をもらえるのがとても嬉しかったのを覚えています。

祖父は宗教嫌いで、よく働き、人生を楽しむ人でした。「ＮＨＫのど自慢」にも出場しようとしますが予選で落ちました。裏山でマムシを捕まえてくると、そのまま一升瓶に漬け込んでありました。酒を嗜《たしな》み、上機嫌で笑っている姿をよく見ました。当時のキリスト教は、酒タバコは罪だと厳しく教えられていた時代でしたから、母がそのような祖父を受け入れられず、何度かぶつかることもあり、祖父は粗末な別棟を自分で建てて、私たちと距離を置いて暮らすようになりました。そんな空気感の中で、私は祖父母の心に触れることはできませんでしたが、今になって、祖父母の生き方の人間らしさや懐の大きさが、心から理解できるようになりました。

義父母との再会

2年近く不眠に苦しみ放浪していた私は、韓国の義父母とは連絡も取れませんでした。しかし、住むべき家を手に入れた時、一番喜んでくれたのは韓国の義父母でした。夫が5人兄弟の長男で一家の大黒柱ですから、無理もありません。

義父母は84歳という高齢にもかかわらず、引っ越して半年後の5月末、私たちの家へ来て1週間滞在し、二人はまるで新婚旅行のように睦まじく充実した時間を過ごしました。

最後の日の朝、義父は私に言いました。

「お前たちにあのような禍が突然降りかかって、息子の２年間は生き地獄そのものだった。そんな息子の姿を見るのがつらく、嫁のあなたを恨んだものだった。ここへ来て、お前たちがこれから暮らせる場所を見て本当に安心した。ここで過ごした１週間は、生涯死ぬまで私を幸福にさせてくれる楽しい思い出になった。コマプタ（ありがとう）」

共に過ごした１週間、義父母たちはこれまで見たことのないような満足そうな笑顔の日々で、家族の深い絆を感じました。

義父は植民地時代に生まれました。１９４５年、日本の植民地支配から解放され、国は南北に分断されました。１９５０年６月25日、朝鮮戦争が勃発しました。義父の父親は韓国側の地域レジスタンスの隊長として勇敢に活動していましたが、海辺の村がまもなく共産軍に占領されたため、数人の仲間と山野に隠れていました。しかし密告で親族が共産軍に捕まり拷問され、隠れ場所を吐露してしまったために捕らえられます。翌日すぐに残忍に公開処刑されるはずでしたが、夜、韓国側の海軍の特殊部隊によって収容所に火が放たれて救出され、韓国軍と合流します。しかし、8月24日、銃撃戦で42歳で戦死しました。その後も一家は戦争に翻弄されました。

義父の父親は朝鮮戦争が勃発した際、すでに死を覚悟していました。韓国軍に加わる時、「軍人の遺族は国が守ってくれる」と妻に言い遺したそうです。何もせずそのまま犬死するか、あるいは軍人として国や家族のために死ぬか、圧倒的な共産軍の侵攻下の状況で、どちらかの死に方を選ぶ以外に選択の余地はなかったのでした。遺された家族は、戦後も混乱の貧しい時代を何とか生き延びてくることができました。彼は殉国者として、大田《テジョン》市の国立墓地に葬られています。

現実の過酷な時代を生き抜いてきた義父は、感性豊かな人で、私にはいつも率直に心を打ち明けてくれました。私が韓国を訪れ日本に帰る時は、いつもバスターミナルまで見送ってくれ、別れ際には愛情込めて抱きしめて「一生懸命生きて、家族を支えてくれてありがとう」と言いました。ふだん、孫たち以外にそのような多情な表現をする人ではなかったので、忘れることができません。

そのような義父にとって、キリスト教の教えや教会生活は親しめず、距離感がありました。長男夫婦である私たちを頼り、一途な信仰を持っていた私の勧めで、70歳で夫婦共に洗礼を受けました。しかし、日頃から信頼していた私に起きた禍は、義父にとっては理不尽なだまし討ちにでも遭ったような想定外の出来事でした。

「なぜこのような禍がわが家に起きたのか、一体これはどういうことなのか説明してくれ」

　義父母たちも混乱していました。息子の苦しむ姿を毎日見て、年老いた義父母はどうすることもできず、やり場のない悲しみの日々でした。義父は嘆き、義母は私を韓国に呼び戻そうと、「へそくりをはたいて私の居場所をなんとか準備する」と言いました。高齢の義父母たちがそのように苦しんでいることはわかっていましたが、為す術もありませんでした。私を全面的に信頼してくれていた夫も義父母も、何の役にも立たない信仰を捨てました。しかし義父母は帰国後、「人生で一番幸せを感じている」と言っています。40年近く共に生きてきた私にも、それがよくわかります。

夫との関係

夫とは20年近く、日本と韓国でそれぞれに暮らしていました。

突然、私が不眠になった時から、夫は強いショックを受けていました。最初に診察を受けた医師からは、私を早く入院させないと死ぬかもしれないとまで言われ、動揺していました。何が起きているのかわけもわからず、お互いの距離が遠すぎることもあり、日本では事情もわからず身動きが取れず、仕事も抱えながら、パニック状態でした。判断力も失い、普段なら引っかからないような悪質な電話詐欺にまで、あっさり引っかかってしまいました。

そのような状況が2年以上も続いたのです。当事者の私も自分のことで精一杯でしたが、夫には過酷すぎたことが、義父の言葉や、この原稿を書きながら改めて気づかされました。

夫が早期退職し、私たちは新しい居場所を得ることができ、20年ぶりに共に暮らすようになりました。私は心も体も少しずつ回復に向かっていきましたが、夫の様相はまったく逆でした。以前の夫とはまるで別人で、抜け殻状態でした。不慣れな土地での生活が始まり、やるべきことがたくさんありましたが、すべて私一人で考えてやっていくしかありませんでした。そのような状態がずっと続き、日本で暮らしていこうという意志さえ感じられませんでした。

夫にとって申し分ない自然豊かな生活環境にもかかわらず、それを楽しむことさえできません。何に対してもほとんど反応もなく、話しかけてもまるでトンチンカンな返事や行動しか返ってきません。意思疎通もできないので、さまざまなトラブルも頻繁に起きました。そういうことが蓄積していき、激しい口論になることもありました。そして、夫の口から一度も出たこともない離婚という言葉まで出るようになり、韓国へ帰って過ごす時間の方が長くなりました。彼もこれまでずいぶん家族のために尽くしてきたのだから、自分の国で暮らしたいと望むなら離婚もありだと考えるようになりました。

そのようにして３年が過ぎましたが、最近ようやく以前のような姿が戻ってきました。親しい仲間ができ、いろんなことに興味を持って取り組むようになりました。

　今になって振り返ってみると、私たち夫婦に起きた出来事は、夫にとって「ハヌリ　ムノジダ（天が崩れ落ちてくる）」ほどの体験だったことが理解できます。精神的に過酷な日々が2年も続き、夫の心はズタズタになるほどに苦しみ、病んでいました。私が回復し始め、ようやく夫婦が共に暮らせるようになっても、夫はそれを喜ぶことさえできませんでした。その苦しみの大きさを今になって知ることができます。心は目には見えませんが、体と同じように傷つき病むのだということを、この地で3年が経ち、ようやく元気になってきた夫の姿を見て思い知らされました。

　この本を書き始めた頃から、義父母が体調を崩し、その介護のために夫は韓国に帰国しました。私たち夫婦が、また共に暮らす日がいつ来るかはわかりませんが、互いに、それぞれのところで、今日一日を大切に生きていけばよいと考えています。

親子関係

親子関係について書くことは、まだ難しいです。しかし、昨今、宗教２世や３世の苦しみが取り沙汰されるようになりました。私も２世としての葛藤の多い人生であったし、３世の子どもたちが私のようなしんどさを味わうことがないように精一杯守ってきたつもりが、かえってその努力がまったく逆の結果を導きました。

子どもたちは幼い頃から韓国で育ち、周囲はクリスチャンだらけの環境でした。小学校に行ってもクラスには、牧師家庭の子どもや教会学校の仲間たちがたくさんいて、私の子どもの頃のように孤立感を感じるようなことはまったくありませんでした。

クリスチャン数の少ない日本で信仰継承するのは極めて困難ですが、それでも彼らは敢えてそのような人生を選択し、頼もしい存在でした。子どもたちなりに多くの葛藤を経て、ようやく自立した信仰を持つことができた矢先に、その母親から神などいないのだと突然言われたのですから、混乱しないはずがありません。これまでの人生を全否定するのですから、彼らにとって残酷過ぎます。

私がキリスト教を否定すればするほど、溝は深まっていきます。仕事や出産、子育て、教会生活などで極めて多忙な日々を送っている彼らが、私の話に耳を傾ける余裕などありません。すでに結婚しましたから、もう私の出る幕ではありませんでした。

私が子どもたちに最善だと信じて行ってきた信仰教育が、彼らの人生を強固な壁に閉じ込めるためのものでした。この壁は簡単には崩せないことは、私が一番よくわかっています。最もつらいのは、長い時間をかけてエネルギーを傾け、そのような聖書の世界観を子どもたちに与えてしまったことなのです。素直に明るく育ってくれて、健気で誇らしい子どもたちでした。それだけに今は、ただ無力感を感じ、人知れず涙が溢れてきます。彼らの人生にそのような強固な壁を築いてきたのは、紛れもなく母親の私なのですから、理不尽極まりないことです。

私も高校生の頃、キリスト教以外の価値観で生きることはないと考え、自らの意志でクリスチャンになることを選択しました。しかし今考えると、私にはそれ以外の人生の選択肢などなかったのです。幼い頃から、それが最善だと教えられてきたのですから、矛盾を感じながらも、人生の岐路に立ってそれを拒む理由などあるはずがありませんでした。強制されて信じたのであれば、状況が変われば簡単に生き方を変えられます。しかし、自分の意志で選択して長く信仰生活し、世界観が築かれてしまっている場合は、状況が変わっても生き方を変えることは困難でしょう。

聖書の世界観で生きてきた私たち家族は、私がそれを否定したとき、その関係性は崩れました。皮肉なことに、彼らから見れば、今の私は反面教師のような存在です。母親と同じ轍《てつ》を踏むことがないように生きていくことでしょう。すでに自立した子どもたちとの関係は修復困難です。

たとえ肉親であっても、人間とは理解し合えない存在であることを痛感しています。考えてみると、神を信じて生きてきた私にとって、子どもたちが神を知ることが常に最優先でした。そしてその願いは叶《かな》いました。しかしそれは、同じ価値観を共有していただけであって、私と母親の関係がそうであるように、家族との心の絆は築かれていなかったのでしょう。そのことに気づき、崩壊してしまった今の家族の関係をありのまま受け入れようとしています。家族が他人のようになり、他人が家族以上の関係になることも人生ではあり得るのです。

私があがけばあがくほど、壁はますます高くなっていくだけですから、互いに距離を置くしかないでしょう。しかし、それが取り除かれる日がもし来るならば、そのときは、親子としてではなく、一人の人間同士として自然に向き合えることでしょう。その大きな喪失感や悲しみや憤りこそが、私がこのような本を書くエネルギーなのです。幼い時から60年近く信仰生活を続けてきたからこそ、そして壁の両側を経験したからこそ、書くことができるのだと思います。

私自身はどんどん変わり続けています。家族という概念からも解き放たれ、誰もが別個の人間に過ぎない存在なのだと考えるようになりました。それは「あなたはあなたのまま」で人間同士として向き合えるということであり、歴史や国を超えて共感することができ、世界が広がっていきます。聖書の世界観のみならず、さまざまな固定観念からも解放されつつある私らしく、以前とはまったく違った人生を大切に生きていくことが、唯一、今の私にできることなのです。

戦前から戦後の家族の歴史を振り返りながら、60年あまり生きてきたからこそ、見えてくる人間の姿があります。特に、戦前から戦後の混乱期、敗戦国の日本人は、軍国主義思想によって築かれた価値観が崩壊し、過去の日本を封建的だからと言って切り捨て、戦後世代とその親たちの世代との断絶も感じられる時代でした。日本人としてのアイデンティティや誇りも見失っていて、子どもの頃、私はそのような大人たちの自虐的な言葉をよく聞いたものです。どん底にいた日本人は、欧米国家をモデルに邁進し、さまざまなイデオロギーや新しい価値観を追い求め、人々は立ち止まることなく豊かさを追求してきました。

人々の暮らしは改善され、さまざまな価値観が生まれてきましたが、矛盾や問題は消えるどころか、新たに生じ続けています。私たち人間が人間であるゆえに築いてしまいがちな、価値観という信仰や固定観念という壁の危うさに気づくことが、問題解決の糸口になるのではないでしょうか。

強固な壁を崩すことは、不可能に見えます。それはいつも破綻によって崩れるしかないのかもしれません。人類の歴史はそれを繰り返してきました。だからこそ、そのような壁が築かれることのないように、豊かな感性を育む創造的な人間教育が必要なのだと考えます。それはすべての人が幸福であることを願うものだと思います。

第４章　新たに見えてきた世界

永遠ではなく、今を生きる

以前は
永遠の命とか
天国とか信じていました

子どもの頃から
母や教会の先生たちから
そう教えられて育ちました

成長するにつれ

自分というものがわからなくなっていった
死後の世界があると信じていた時は
今を生きる実感を感じられなかった

天国を目指して
生きようとしたからです

天国があるということは
地獄もあるのでしょ

極悪人でなくても
紙一重の差で

地獄に落ちる人もいるでしょ
永遠に地獄で苦しむなんて
ひどい話ではありませんか

親しい人たちが
信仰しないだけでそんなところに行ってしまうなんて
耐えられますか

そんな非情で冷酷な神様のいる天国なんて
行っても楽しいわけないでしょ

悪いことをしたから

地獄に落ちるなんて
これも理不尽な話です

実際
刑務所にいる犯罪者の中には
社会的に恵まれなかったり
知的障害があったり
親から虐待を受けたり
愛されずに育って
犯罪を繰り返す人も多いそうです

この世に生まれながら不遇な一生を送り
死んだ先も地獄だなんて

悲しすぎるでしょ

神様がいるなら
そんな地獄なんてあるはずがない

天国も必要ない
永遠に生きてどうしますか
それはきっと、耐えがたいことでしょうね

この世に生まれてきて成長し
やがて老いていき
死んだら終わり
それが自然なことです

ある人が
人間は毎日死んでる、と言いました
死ぬのは眠るのと同じだ
ということです

眠っている間は
意識がないわけだから
死んでいるようなもの

私たちは毎日
死を経験している

ある若いお父さんは
昼間は元気に働いていたけれど
ベッドでお休みして
朝は冷たくなっていました
いつものように夜眠って
朝、必ず目がさめるわけではありません
死んだらそれで終わりなんだと
考えるようになって

死に対する恐れがなくなり
生きるのが楽になりました

何かに支配されている感覚から解放され
自由になりました

そして人生を
大いに楽しめるようになりました

地に根を張って
生きている感じです

そして限りある命を

慈しめるようになり
今をいかに生きるかということに
目を向け始めました

人生が短くても長くても
今日一日を自分らしく生きられれば
幸せだと思います

泣いたり笑ったり喜んだり怒ったり
ありのままの自分でいていいのです

永遠の命ばかり賛美する宗教に

人生を騙《だま》し取られないでください
そんないい加減な都合のいい話を
子どもたちに教えないでください

私のように
不毛の人生を生きることがないように

強固な壁と固定観念

この本のキーワードは「強固な壁」です。人間はなぜ強固な壁を築いてしまうのでしょうか。世界で起きている民族間の紛争やテロ、ジェノサイド、大国間のイデオロギーの対立などは、人間が強固な壁をいかに築きやすいかということを象徴しています。

強固な壁とはどのようなものなのか。それは固定観念の中でも特に支配的であったり、絶対的、あるいは一元的な思想やイデオロギーです。私が不毛の人生や生き地獄などを経験しなければならなかったのも、宗教的世界観によって強固な壁が築かれていたからだと言えます。

この本を読んでくださった方々は、私に起きた出来事を「対岸の火事」のように感じられたかもしれません。「自分は大丈夫」「自分には起き得ないことだ」と他人事のように考えるとしたら、固定観念というものがどういうものか、気づいていないかもしれません。

教会という居場所が、私の中では矛盾や葛藤の多いところであったように、社会や世界が矛盾や葛藤だらけであるのも、それは強固な壁や固定観念などの認識の壁があるからだと考えられます。そういうことに気づいていくことが、問題解決の糸口になると考えられるし、固定観念や強固な壁が築かれてしまう前に、早く気づく必要があると言えますが、それは簡単なことではありません。固定観念とは一体どのようなものか、考えてみることはそのためのヒントになるはずです。

人間は誰でも少なからず固定観念を持っています。固定観念というのは、英語ではstereotypeですが、「思い込み」とか「先入観」などのようなネガティブなイメージでとらえられています。

また、「固定観念は人の経験や得てきた知識から形成され、思考の基盤にはなるが、自由な発想を制限する。まだ考えるための時間の余裕はあるのに、固定観念の枠にはまってしまうと、固定観念の枠の中で堂々巡りし行き詰まり状態になることがある」（「固定観念」『フリー百科事典　ウィキペディア日本語版』。２０２２年6月21日（火）01：59ＵＴＣ）というわけです。

私は１９８０年代から１９９０年代にかけて、韓国で暮らした経験がありますが、そのような固定観念の中で生きるしんどさを痛切に感じさせられる日々でした。当時の日韓関係は「近くて遠い国」と言われていました。インターネットもない時代でしたから、互いの国についての情報や交流も少なく、国民間の溝も深かったと言えます。

実際に韓国社会で暮らしてみると、そのことを身にしみて感じさせられました。反日、反共、儒教的社会など、それらをここでいちいち列挙することはできませんが、そのような閉鎖的な社会で12年間暮らしていると、私自身が韓国人と同じような感覚で生活するようになっていきました。

当時、軍事政権下の韓国では、まだ海外旅行は自由化されておらず、テレビやメディアは軍部の検閲下にあって、限られた情報しか放送されず、安企部という国家安全警察のようなものが幅を利かしている社会でした。毎月15日は民防訓練があり、サイレンが響き渡って通行人などの行動は規制され、近くの待避所に誘導されたり、夜の灯火管制訓練などもたまにありました。

反日教育は徹底していました。長女は幼稚園の頃から、「36年間にわたる日本の植民地支配」の歴史を日常的に教えられました。遠足も、豊臣秀吉の時代に日本軍の侵略から朝鮮を守った李舜臣（イ・スンシン）将軍の生家があった顕忠寺（ヒョンチュンサ）や、独立記念館などは定番コースで、全国からの修学旅行や遠足の子どもたちで賑わっていました。

幼稚園の時、仲のよい友達が家に遊びに来て「ニネ　チブン　チョッパリネ　チビレ（あんたの家は豚足の家だって）」と言われても、娘は何の意味か知りませんでした。豚足というのは、植民地時代、草履を履く日本人を揶揄《やゆ》して言った悪口です。

長女は小学校に通い始めると、母親が日本人であるということで、子どもたちにストレートに嫌なことを言われることも日常茶飯事でした。日本語をまったく話せなかった長女とのコミュニケーションが難しく、小学校入学を機に日本語を教えてみようと思い、道を歩きながら日本語で話しかけようとすると、「オンマ、イルボンマル　ハジマ。　エドゥル　ハンテ　ホンナ（ママ、日本語しゃべらないで。みんなにいじめられるよ）」と、強い拒否の意思表示を示されました。

当時は地方では100人中100人が反日感情を持っているわけですから、そのような社会では私が韓国人のように生きていく以外に、子どもたちを守る手段はないと感じました。それからは日本語を子どもたちに使うことはありませんでした。韓国語もままならない母親が韓国語だけで子育てするというのは、それでなくてもハンディキャップが大き過ぎましたが、そうするしかなかったのです。

当時の韓国は、海外のニュースや情報などがほとんど届くことのない閉鎖社会だったので、日本人に対する批判や悪感情を日常的に聞き続けると、自分でも気づかないうちに少しずつ同化されていきます。地方で周囲には日本人もいないし、日本の情報を聞くこともなく、韓国社会にどっぷりと浸かって暮らしていきました。そして自分が日本人であるという意識さえも薄れた頃には、日本人である私の目に映る日本というのは、韓国人のそれに近づいていました。つまり、日本人に対するネガティブなイメージを持ち始めていました。

12年ぶりに、子どもたちを連れ日本へ戻ってきた時、私には日本人の考え方や行動がなかなか受け入れられませんでした。韓国人は情があって、親しみやすいのに、日本人はよそよそしくて、本音でしゃべらないし、何を考えているのかわかりません。

日本人でありながら、私が日本人としてのアイデンティティを回復するのに、数年かかったと思います。仕事をしたり、周囲の人と交流しているうちに、だんだん日本社会のルールに慣れ、日本人の考え方を理解していくことができました。再適応した頃には、日本人の考え方も韓国人の考え方も理解できるようになり、私の世界が、日本だけしか知らなかった頃よりは広がったと思います。

両国の社会で異なることは多いですが、韓国の儒教的な考え方を理解することは、韓国社会や韓国人を理解するための重要ポイントです。儒教というのは、非常にオーソドックスな考え方にこだわる思想だと言えます。特に、「長幼の序」は、家庭では親を敬い、職場や学校では上司や教師に従い、国家では王を尊ぶという教えで、それは韓国社会で根幹となるルールであり秩序です。そのようなルールを守らない者は、朝鮮時代では社会から抹殺されました。今日ではそれほどではなくても、それは社会で最も賞賛されるべき美徳であり、人間として当たり前の規範なのです。しかし、儒教社会のオーソドックスな固定観念が、人々の多様な生き方や価値観を阻害しているという矛盾や葛藤もあります。いずれにしろ韓国社会で生きるためには、彼らの文化や歴史や社会的ルールを学ぶ必要があります。

日本には、「人に迷惑をかけてはならない」という、子どもの頃から耳にタコができるほど聞かされている社会ルールのようなものがあります。しかしこのルールにも、一度疑問を感じてみる必要があります。なぜなら、このルールのために他人に対する寛容性がなくなり、損得勘定が常に優先され、行動が萎縮してしまいがちになり、日本人特有の社会病理現象の原因要素にもなっていると思われます。

江戸時代の五人組や太平洋戦争時の隣組などの制度では、連帯責任を負わされるので隣近所同士で互いに監視しあっていました。そのような歴史的背景も、「迷惑をかけてはいけない」という意識が日本社会に強まった要因かもしれません。

今日、自由民主主義社会となって、迷惑とは何を基準に迷惑だというのでしょうか。おそらくそれは、秩序を守らない行為や自分の領域に他人が侵入することへの拒否感だと言えます。日本人は不自然なほどよく謝ります。それは一見謙虚そうに見えますが、実のところ相手との距離感を保とうとしているわけです。相手の領域に侵入したなら、それは互いにとって迷惑な行為だということです。「迷惑をかけてはいけない」という社会ルールを盾に、知らず知らずのうちに壁を築きあっているのではないでしょうか。

韓国社会では、「人に迷惑をかけてはならない」などという言葉はあまり聞きません。むしろ「人は迷惑をかけ合って生きるものだ」あるいは「互いに助け合って生きるものだ」という肯定的なニュアンスです。韓国だけでなく、そのような考え方は世界では多く見られると思われます。このような考え方は人と人との壁を取り除き、人間間の情愛も感じることができます。だから韓国人は、積極的に交流し、多少の負担や犠牲も厭《いと》いません。人間に対してかなり寛容だと思います。

このような韓国人が日本社会で暮らせば、息が詰まりそうになるのも無理はありません。だからと言って日本社会を変えることはできませんから、韓国人が日本社会のルールを学ぶ必要があると思います。慣れてみると、必要以上に干渉されない生活もいいものです。実際、両国とも極端すぎる面があるのは否めません。忍耐や努力が必要だと思いますが、その壁を取り除くことができれば、自分たちの姿を見つめ直すことにもなり、より広い世界が開けると思うのです。

　哲学者であり、文筆家の池田晶子氏（１９６０～２００７年）は、著書『１４歳からの哲学』（トランスビュー、２００３年）の「自由」の章で、次のように述べています。

> 人間はあらゆる思い込みによって生きている。その思い込み、つまり価値観は人によって違う。その相対的な価値観を絶対だと思い込むことによって人は生きる指針とするのだけれども、まさにそのことによって人は不自由になる。外側の価値観に自分の判断をゆだねてしまうからだ。この意味では、イスラム過激派も自由民主主義も、同じことだ。自分で考えることをしない

人の不自由は、まったく同じなんだ。人は、思い込むことで自分で自分を不自由にする。それ以外に自分の自由を制限するものなんて、この宇宙には、存在しない。

精神は、考えることで、自分の思い込みから自分を解き放つ。死が存在するということも、アラーが絶対だということも、社会によって自由が保障されるということも、すべてが不自由な思い込みだ。これが思い込みだということには、考えなければ気がつかない。自由になるためには、人は、自分で考えなければならないんだ。

池田晶子氏は、著書で、「自分で考える」ことの重要性を繰り返し述べています。その「自分」とは誰なのか？　それはまさしく、私たちが生まれて初めて世界を認識した頃の、世界が自分そのものであった頃の、つまり自分と世界との間に矛盾がなく、何の価値観にも染まっていなかった幼い頃のような自分です。その後の自分は、その時代の価値観や既成概念によってつくられていく自分であって、ある意味で本来の自由な自分は見失われていくのです。

つまり、人間は、あらゆる常識や価値観という固定観念、すなわち見えない壁の中で生きている不自由な存在だと言えます。そしてその見えない壁のために、相手の心が見えない、あるいは理解できなくなります。だから、そこに壁が存在していることにまず気づくことが大切です。そのような自分の内側の壁が取り払われていくとき、人は解放され、自分で考えることが可能となるのです。自由とは、とらわれのない心の状態だと言えます。

しかし、自分の中にある固定観念に気づくことは難しいのです。それは人間が社会や時代の中で生きているからでもあります。また、無知とか無関心なども固定観念と同様に思考停止状態の壁の中にいるようなものです。

それらに気づくためには、異質な社会を見ることも大切です。外国まで行かなくても、身近な所から旅をしてみたり、都会の人は田舎に行ってみたり、新しいことに挑戦してみたり、本を読んだり、歴史を学んだり、外国語を学んだり、海外の情勢に関心を持ってみたり、子どもならお年寄りとお話ししてみたり、年配の人は子どもや若い人とつき合ってみたり、ボランティア活動に参加してみたり、そのようなことは視野を広げてくれるでしょう。

私は聖書にひそむ強固な壁に気づくことはできませんでした。社会との違和感を感じ続けながらも、むしろ違和感を感じれば感じるほど、聖書というマニュアルに支配され続けていきました。教会とか牧師の支配は警戒しましたが、聖書は真実な神の言葉であるという信仰を疑うことはありませんでした。

その強固な壁に気づくのに、60年かかったわけですが、その間、感じ続けてきた矛盾や葛藤が、結局無駄ではなかったのかもしれません。完全に思考停止状態にならず、疑問を感じ続けてきたからこそ、答えを得ることができたとも言えます。

一人の人間として

長い間、私が苦しみ続けてきた矛盾や葛藤の原因は、罪概念による自分自身の意識と無意識のねじれであり、聖書的価値観による自分と世界とのつながりのねじれであったとも言えます。そのようなねじれが消えて、新たに見えてきた世界は、私がずっと探し求めていた世界でした。子どもの頃、繰り返し読んだメーテルリンクの『青い鳥』のように、それはすぐ近くに存在していました。

強固な壁が消え、見通しがよくなり、さまざまな固定観念からも解放されていき、子どもの頃のような矛盾のない、本来の自分に出会いました。さまざまな固定観念というのは、「このように生きるべきだ」とか「人はこうあるべきだ」とか、世間の常識とか道徳のようなものです。つまり、自分を既成概念や誰かの判断で価値づけられる必要も、価値づける必要もなく、私は私のままでいいのです。自分自身の内側の矛盾や葛藤は消え、この世界や歴史を超えた人間のありのままの姿が目に映り、彼らの命の輝きが見えてきます。

宝くじが当たるとか、立派な会社に就職するとか、そういうことは起きなくても、一日一日をとらわれのない自由な精神で自分らしく生きることができれば、幸福を感じることができます。そして、さまざまな出会いや経験によって、自分自身も変化していきます。私自身も、以前とはまったく異なった人生を生きながら、どんどん変化していくのを感じます。そして新たな世界が見えてきます。成長するということは、変わり続けることだとも言えるのでしょう。しかし、壁の中にいると、その中でいつまでも堂々巡りするしかありません。その壁に気づくことが、より豊かな人生を生きることにつながると考えます。

生と死も自然なものです。私も祖父母や父のように、やがて去ります。人生とは何なのか、人間とは何なのか、難しく考える必要はないでしょう。同じ時代に生きる人々と手を取り合って、一人の人間として、今を生きればいいのです。

あとがき

「聖書はもういらない」を書いてから、3年以上の歳月が過ぎました。新しい居場所を得、家族にいろんな変化があり、さまざまな決断を迫られ選択してきました。その後に見えてきた新しい世界は、私に多くのことを気づかせてくれました。それを多くの人と共有できればと思い、続編を書くことにしました。

数ヶ月はかかるだろうと覚悟し書き始めましたが、書き始めるとわずか10日間で全体の骨格を書き終えました。その後、さらに数ヶ月かけて推敲していきましたが、書くという作業の中で面白いことに気づきました。考えて書くと、うまく書けません。しかし、ぐっすりと寝て、未明の静かな時間に集中して書き始めると、「降りてくる」というよくある表現のように、書くべきことがどんどんつながっていきました。それで私は、自分で考えて書くことを一切やめ、日常生活の中で、ふと一瞬、心に自然に湧いてくるものをとらえ、言葉に表現していきました。

脳は眠ったり休んでいるときも働いていて、その人の得た経験や情報を整理しています。よく眠って疲労がとれた体は、創造的な最高の力を発揮できます。そういえば、東京オリンピックで金メダルを取った某選手が言っていました。「（次の試合のために）帰ってぐっすり眠ります」と。

第一部で紹介した鈴木秀子氏は「人は自分の中にある力の０・３パーセントしか使っていないといわれる。残りの99・７パーセントは、潜在意識の奥に秘められた潜在能力で、下手をすれば一生活用されることなく終わってしまう」（『心の対話者』文藝春秋、２００５年）と述べています。つまり、人間には限りない可能性が潜んでいるということです。

その可能性を引き出すことが、閉塞的な今の時代を生き抜くために必要だと思います。意識だけで考えるのではなく、無意識の世界にも気づく必要があります。無意識の世界というのは、ふだんは忘れているような、脳の中に記憶されているすべての情報です。その人が経験したり、学んだり、感じたりした人生のすべての記憶の蓄積です。

無意識の世界は気づきというものを与えてくれます。例えば、半世紀も前に、祖母が幼稚園の帰り道に歌ってくれた歌や、記憶に残る幼い頃の祖父のやさしいまなざしに、祖父母の深い愛情が見えてきます。そのような気づきが、意志を持って生きようとしたときに、思いがけない力を与えてくれることがあります。それは意識と無意識の間に矛盾がなく、心が解放されているとき、つまり、ありのままの自分であるときに可能だと言えるでしょう。

〈著者紹介〉
野原花子（のはら・はなこ）
1958年生まれ。四国出身。幼い時から、クリスチャンの母親の影響で地元のプロテスタント教会で信仰教育を受け、聖書的価値観から離れて生きることは生涯ないであろうと考え、高校3年時に洗礼を受ける。結婚後、12年間韓国で暮らす。

著書
『聖書はもういらない』2020年　幻冬舎
『私はもう祈らない』2020年　幻冬舎（電子出版）

私はもう祈らない（改装版）「聖書はもういらない」続編

二〇二三年二月一日　初版第一刷発行

著　者　野原花子
発行者　谷村勇輔
発行所　ブイツーソリューション
〒四六六・〇八四八
名古屋市昭和区長戸町四・四〇
電　話　〇五二・七九九・七三九一
FAX　〇五二・七九九・七九八四
発売元　星雲社（共同出版社・流通責任出版社）
〒一一二・〇〇〇五
東京都文京区水道一・三・三〇
電　話　〇三・三八六八・三二七五
FAX　〇三・三八六八・六五八八
印刷所　モリモト印刷

ISBN978-4-434-31585-5